쑥쑥 타자실력

KB082563

차시	날짜		빠르기	정확도	확인란
1	월	일	타	%	
2	월	일	타	%	
3	월	일	타	%	
4	월	일	타	%	
5	월	일	타	%	
6	월	일	타	%	
7	월	일	타	%	
8	월	일	타	%	
9	월	일	타	%	
10	월	일	타	%	
11	월	일	타	%	
12	월	일	타	%	

차시	날짜		빠르기	정확도	확인란
13	월	일	타	%	
14	월	일	타	%	
15	월	일	타	%	
16	월	일	타	%	
17	월	일	타	%	
18	월	일	타	%	
19	월	일	타	%	
20	월	일	타	%	
21	월	일	타	%	
22	월	일	타	%	
23	월	일	타	%	
24	월	일	타	%	

이 책의 목차

처음부터 차근차근 따라하다 보면
어느새 나도 한쇼 2022 전문가!!

01

#한쇼 실행 #글자 수정 #파일 열기 #파일 저장

한쇼 2022 시작하기

학습목표

☆ 한쇼 프로그램의 화면 구성을 이해할 수 있어요.

☆ 한쇼 프로그램을 실행하여 원하는 파일을 열고 저장할 수 있어요.

☆ 드래그를 이용하여 슬라이드에 그림을 배치할 수 있어요.

한쇼   발표 자료를 손으로 직접 만들면 힘들고 시간도 많이 걸릴 뿐만 아니라 발표 내용 전달이 잘 안 될 수도 있어요. 하지만 컴퓨터와 한쇼를 이용하면 발표 자료를 쉽고 빠르게 만들 수 있으며 발표까지 멋지게 해낼 수 있어요.

 미리보기   실습파일 : 한쇼퀴즈.show   완성파일 : 한쇼퀴즈(완성).show

퀴즈와 함께 한쇼 프로그램을 살펴볼까요? 1탄

Quiz 1 [영어]
그림을 보고 틀린 영단어를 바르게 고쳐보세요!

bus   apple

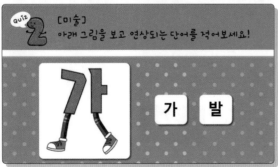

Quiz 2 [미술]
아래 그림을 보고 연상되는 단어를 적어보세요!

가   발

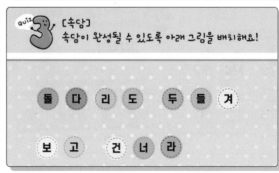

Quiz 3 [속담]
속담이 완성될 수 있도록 아래 그림을 배치해요!

돌 다 리 도 두 들 겨

보 고 건 너 라

4

한쇼가 뭐예요?

여러 사람들 앞에서 설명을 하거나 발표하는 것을 프레젠테이션(Presentation)이라고 하는데 한쇼는 프레젠테이션을 보다 효과적으로 잘 할 수 있도록 도와주는 프로그램이에요.

STEP 01 : 한쇼 2022 화면 구성

❶ **제목 표시줄** : 현재 작업 중인 문서의 파일명이 표시돼요.

❷ **창 조절 버튼** : 창의 크기를 변경하거나 화면 보기 방식을 설정할 수 있어요.

❸ **메뉴 탭** : 프로그램에서 사용하는 메뉴를 비슷한 기능별로 묶어 놓았어요.

❹ **기본 도구 모음** : 각 메뉴에서 자주 사용하는 기능을 그룹별로 묶어 놓았어요.

❺ **서식 도구 모음** : 문서를 편집할 때 자주 사용하는 기능을 모아 아이콘으로 보여줘요.

❻ **개요/슬라이드 창** : 슬라이드의 축소판 그림을 표시하거나, 개요 형태의 텍스트가 표시돼요.

❼ **슬라이드 작업 창** : 슬라이드의 개체(도형, 글상자, 그림 등)를 다루면서 문서를 편집하는 작업 공간이에요.

❽ **상황선** : 현재 슬라이드의 번호/전체 슬라이드 개수, 보기 상태 등의 기본 정보를 보여줘요.

❾ **확대/축소** : 슬라이드 작업 창의 보기 비율을 변경할 수 있어요.

❿ **작업창** : 선택한 개체의 서식을 세부적으로 지정할 수 있어요.

STEP 02 : 한쇼를 실행하여 글자 수정하기

1 ▸ [시작(⊞)]-(🔳 한쇼 2022)를 선택하여 프로그램을 실행한 후 **[내 컴퓨터에서 불러오기]**를 클릭합니다.

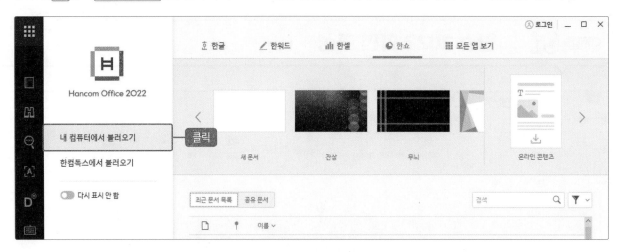

2 ▸ [불러오기] 대화상자의 **[01차시]** 폴더에서 **한쇼퀴즈.show**를 선택한 후 <열기>를 클릭합니다.

LEVEL UP! [파일 탐색기]를 이용하여 프로그램 실행하기

[파일 탐색기]에서 원하는 파일을 더블클릭하면 프로그램을 별도로 실행하지 않아도 자동으로 파일이 열려요.

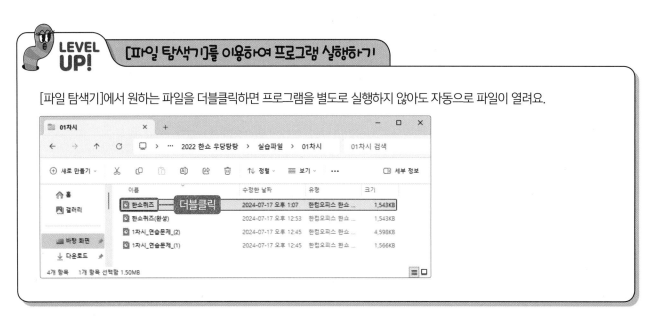

3 ▸ 파일이 열리면 왼쪽 축소판 그림 창에서 [2 슬라이드]를 클릭합니다.

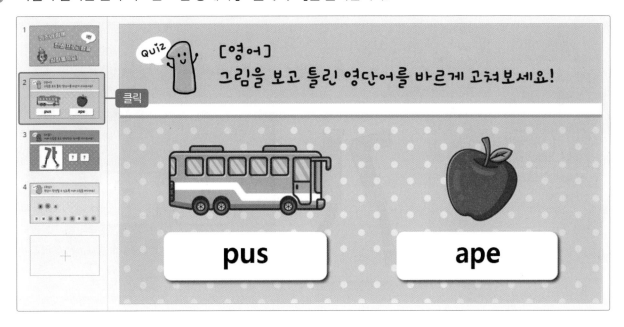

4 ▸ p 왼쪽을 클릭하여 [Delete]를 누른 후 **b**를 입력합니다.

▲ pus를 bus로 수정

5 ▸ p와 e 사이를 클릭한 후 **pl**을 입력합니다.

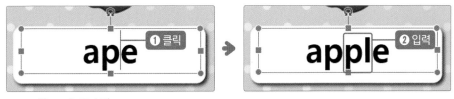

▲ ape를 apple로 수정

LEVEL UP! 〈한/영〉 전환

한글이 입력되면 [한/영]을 눌러 영문 입력상태로 변경할 수 있어요.

6 ▸ **[3 슬라이드]**를 클릭하여 물음표(?)를 삭제한 후 그림과 연상되는 단어를 입력합니다.

7 ▸ **[4 슬라이드]**를 클릭한 후 그림을 드래그하여 속담을 만들어 봅니다.

8 ▸ 모든 작업이 끝나면 **[파일]–[저장하기]** 또는 [서식 도구 모음]에서 **저장하기 아이콘(💾)**을 클릭합니다.

혼자서 뚝딱뚝딱

1 아래 그림을 참고하여 각 슬라이드를 작업한 후 저장합니다.
· 실습파일 : 01차시_연습문제_1.show　　　· 완성파일 : 01차시_연습문제_1(완성).show

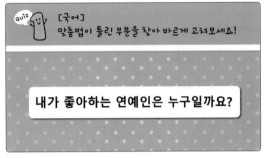
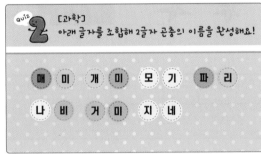

2 아래 그림을 참고하여 2번~4번 슬라이드의 제목 도형에 텍스트 내용을 입력한 후 저장합니다.
· 실습파일 : 01차시_연습문제_2.show　　　· 완성파일 : 01차시_연습문제_2(완성).show

#슬라이드 크기 변경 #테마 변경 #레이아웃 변경

02 테마를 이용하여 로블록스 프레젠테이션 만들기

학습목표

- 슬라이드의 크기를 변경할 수 있어요.
- 테마를 적용하여 슬라이드를 꾸밀 수 있어요.
- 레이아웃을 변경해 슬라이드를 편집할 수 있어요.

헐...
아직도??
모둠 활동
테마!
와~

테마 테마에는 색, 글꼴, 효과, 배경, 스타일 등이 미리 디자인되어 있어요. 별도의 디자인 작업 없이 원하는 테마를 적용한 후 내용만 입력하면 순식간에 멋진 슬라이드를 만들 수 있어요.

미리보기

실습파일 : 로블록스.show, 이미지 파일　　완성파일 : 로블록스(완성).show

로블록스 소개하기
김마린
로블록스 게임 화면
로블록스는 이런 게임이에요!
→ 로블록스는 메타버스 게임 플랫폼이에요.
→ 로블록스 스튜디오를 이용해 나만의 게임을 만들 수 있어요.
→ 제작된 게임은 다른 사용자와 공유하여 플레이할 수 있어요.
로블록스의 장점
→ 창의성을 발휘하여 나만의 게임을 만들 수 있어요.
→ 어드벤처, 액션, 시뮬레이션 등 다양한 게임 장르가 포함되어 있어요.
→ 다른 사용자들과 소통하며 친밀감을 형성할 수 있어요.
→ 게임을 통해 학습과 교육의 기회를 제공해요.
→ 게임 제작과 판매, 가상 아이템 구매 등을 통해 수익도 창출할 수 있어요.

STEP 01 슬라이드 크기 변경하기

1 ▸ [시작(▦)]-(한쇼 2022)를 선택하여 프로그램을 실행한 후 [내 컴퓨터에서 불러오기]를 클릭합니다.

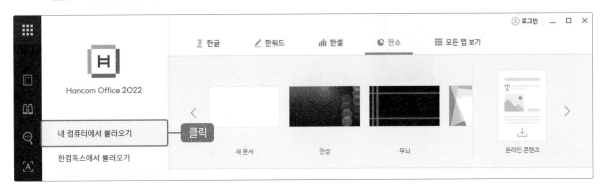

2 ▸ [불러오기] 대화상자의 [02차시] 폴더에서 **로블록스.show**를 선택한 후 <열기>를 클릭합니다.

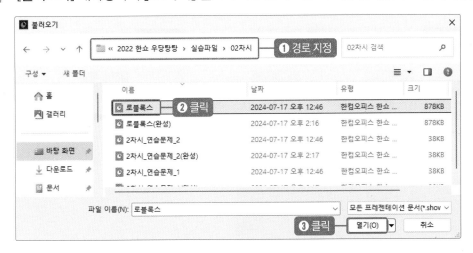

3 ▸ 파일이 열리면 [서식] 탭에서 [슬라이드 크기(□▯)]-[**화면 슬라이드 쇼(4:3)**]를 클릭한 후 **맞춤 확인**을 선택합니다.

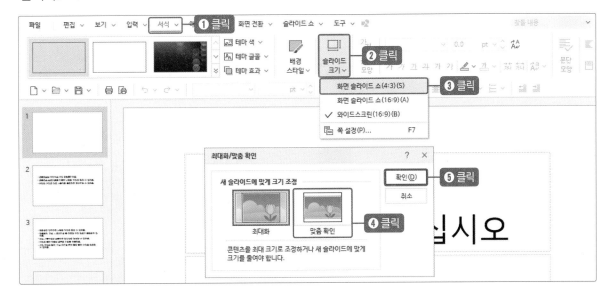

1 [서식] 탭에서 ﹀를 눌러 **조각 테마(   )**를 선택합니다.

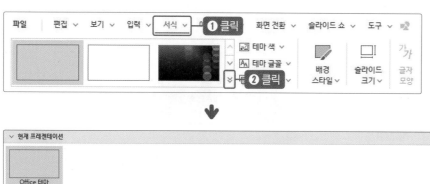

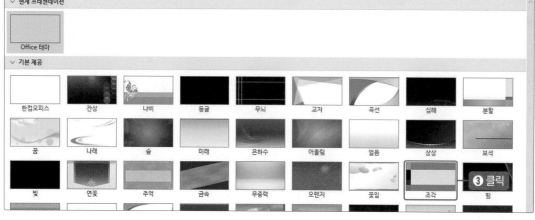

2 제목 입력을 클릭하여 **로블록스 소개하기**를 입력한 후 부제목에는 본인의 **이름**을 입력합니다.

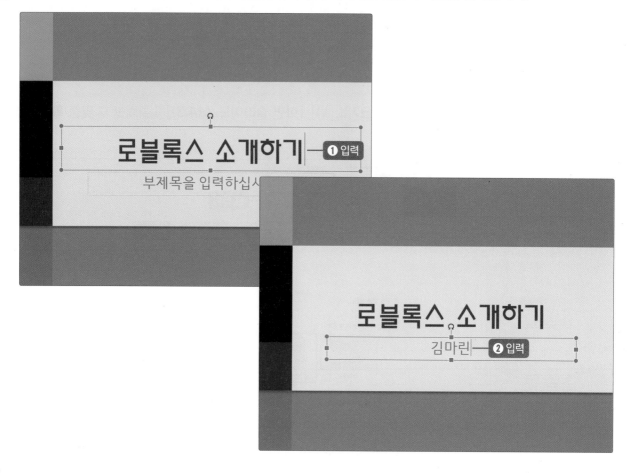

STEP 03 · 슬라이드 삽입 및 그림 넣기

1 ▸ [1 슬라이드]가 선택된 상태에서 [편집] 탭-[새 슬라이드(▤)]-**제목 및 내용**을 선택합니다.

2 ▸ 슬라이드가 추가되면 그림을 넣기 위해 **그림(▥) 아이콘**을 클릭합니다.

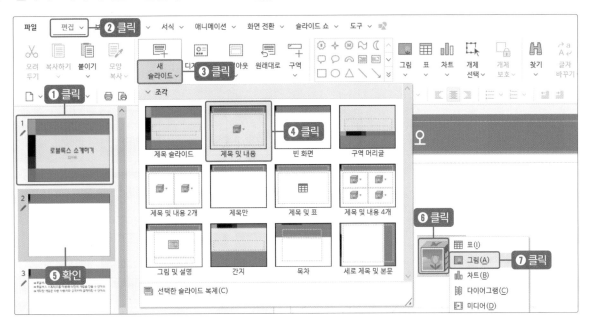

3 ▸ [그림 넣기] 대화상자에서 **[02차시]** 폴더의 **로블록스게임**을 선택한 후 <열기>를 클릭합니다.

4 ▸ [2 슬라이드]의 **제목**을 입력합니다.

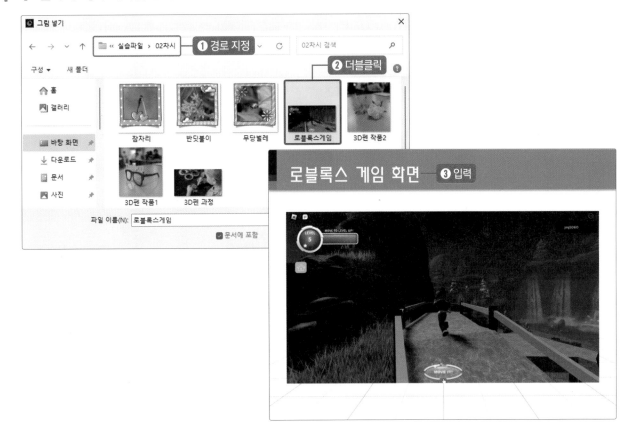

STEP 04 : 레이아웃 변경 후 슬라이드 편집하기

1 ▸ [3 슬라이드]를 선택한 후 [편집]-[레이아웃( )]-**제목 및 내용 2개**를 클릭합니다.

2 ▸ 오른쪽 레이아웃의 **그림( ) 아이콘**을 클릭합니다.

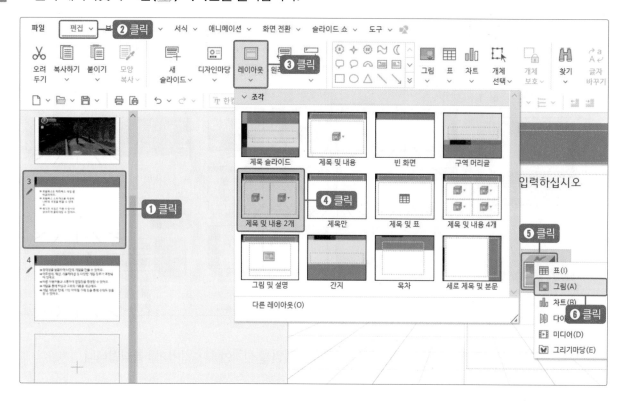

3 ▸ [그림 넣기] 대화상자가 표시되면 **[02차시]** 폴더의 **3d모델**을 선택한 후 <열기>를 클릭합니다.

4 ▶ **[3 슬라이드]**의 **제목**을 입력합니다.

로블록스는 이런 게임이에요!

→ 로블록스는 메타버스 게임 플랫폼이에요.

→ 로블록스 스튜디오를 이용해 나만의 게임을 만들 수 있어요.

→ 제작된 게임은 다른 사용자와 공유하여 플레이할 수 있어요.

LEVEL UP! 그림의 크기와 위치 조절하기

• **크기 조절** : 그림이 선택되었을 때 표시되는 주변의 조절점을 드래그

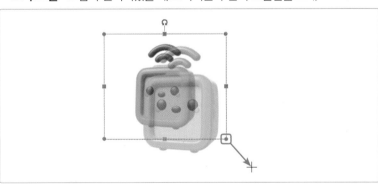

• **위치 변경** : 그림의 중앙을 클릭한 상태에서 드래그

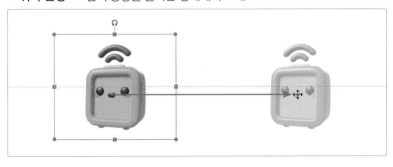

STEP 05 : 발표자료를 완성한 다음 문서를 저장하기

1 ▸ [4 슬라이드]를 선택한 후 **제목**을 입력합니다.

2 ▸ 슬라이드 바깥쪽에 위치한 그림을 드래그하여 원하는 곳에 배치합니다.

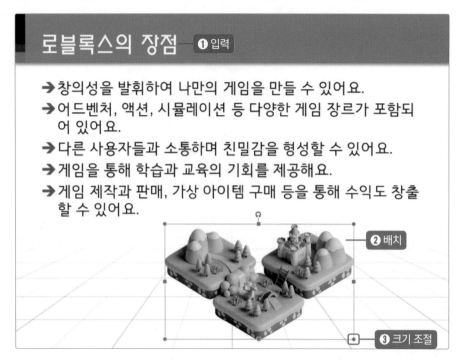

3 ▸ [1 슬라이드]도 같은 방법으로 그림을 배치해 완성합니다.

4 ▸ 작업이 완료되면 [파일]-[저장하기] 또는 [서식 도구 모음]에서 **저장하기(🖫)**를 클릭합니다.

1 아래 그림과 조건을 참고하여 슬라이드를 작성해 보세요.

• 실습파일 : 02차시_연습문제_1.show   • **완성파일** : 02차시_연습문제_1(완성).show

신기하고 재미있는 3D펜
마린 초등학교 3학년 1반 김마린

3D 펜의 원리
✍ 가는 실 형태의 필라멘트를 녹여서 펜 끝으로 나오게 해요.
✍ 펜에서 나온 필라멘트는 금방 굳어지면서 원하는 형태를 만들어요.

3D 펜으로 만드는 모습

다양한 작품들

작성 조건
• 슬라이드 크기(4:3)   • 테마 변경(꿈)
• 4 슬라이드 : 레이아웃 변경(제목 및 내용 2개)

2 아래 그림과 조건을 참고하여 슬라이드를 작성해 보세요.

• 실습파일 : 02차시_연습문제_2.show   • **완성파일** : 02차시_연습문제_2(완성).show

곤충 도감
마린 초등학교 3학년 1반 김마린

반딧불이
• 짝을 찾기 위해 꽁무니에서 반짝반짝 빛을 냄
• 개똥벌레라고도 함
• 깨끗한 환경에서만 살 수 있기 때문에 도시에서는 보기 어려움

무당벌레
• 몸길이가 7~8mm인 딱정벌레
• 성충과 애벌레가 진딧물을 잡아 먹는 이로운 곤충
• 천적이 나타나면 냄새나는 노란색 액체를 내뿜어 쫓아냄

잠자리
• 몸길이가 20~150mm로 크기가 다양함
• 앞머리에 커다란 한 쌍의 겹눈을 가지고 있어 날면서도 주위를 두루 볼 수 있음

작성 조건
• 슬라이드 크기(4:3)   • 테마 변경(꽃잎)
• 2~4 슬라이드 : 레이아웃 변경(제목 및 내용 2개)

글머리 기호로 MBTI 확인하기

학습목표

✄ 글꼴 서식(글꼴, 글자 색 등)을 지정할 수 있어요.

✄ 글머리 기호 및 번호 매기기 목록을 만들 수 있어요.

✄ 문장의 줄 간격을 변경할 수 있어요.

✄ **글어리기호** 여러 줄에 걸쳐 내용을 입력할 때 문단의 맨 앞에 기호 또는 번호를 매길 수 있어요. 문단 맨 앞에 글머리 기호나 번호를 사용하면 많은 내용을 깔끔하게 정리할 수 있어요.

미리보기

실습파일 : MBTI.show   완성파일 : MBTI(완성).show

마린박사와 함께
심심풀이 MBTI

테스트하기   MBTI를 테스트 해보세요!

나의 MBTI는 무엇인가요?

E N T J

MBTI란 무엇일까?

1. MBTI는 성격을 테스트하는 도구 중 하나입니다.
2. MBTI 검사를 통해 나와 다른 사람의 성격과 장단점을 인정할 수 있게 됩니다.
3. MBTI는 단지 하나의 도구일 뿐이며, 성격 유형은 언제든 바뀔 수 있습니다.

4가지 성격 유형을 소개해요!

- E : 다양한 친구를 사귀는 것을 좋아해요.
- S : 현재를 더 중요하게 생각해요.
- T : 사건이 발생했을 때 논리적으로 진실을 파헤치는 것에 집중해요.
- J : 계획을 세우고 따르는 것을 좋아해요.

- ✓I : 가까운 몇 명의 친구와 어울리는 것을 선호해요.
- ✓N : 미래를 더 중요하게 생각해요.
- ✓F : 사건이 발생했을 때 주변 상황과 인물에게 공감하려고 노력해요.
- ✓P : 상황에 따라 움직이는 것을 좋아해요.

1 ▸ [시작(▦)]–(📀 한쇼 2022)를 선택하여 프로그램을 실행한 후 **<내 컴퓨터에서 불러오기>**를 클릭합니다.

2 ▸ [불러오기] 대화상자의 **[03차시]** 폴더에서 **MBTI.show**를 선택한 후 <열기>를 클릭합니다.

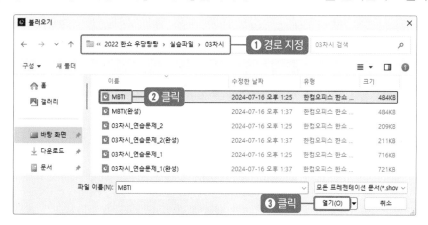

3 ▸ 파일이 열리면 **[2 슬라이드]**를 선택한 후 Ctrl 을 누른 채 **MBTI를 테스트 해보세요!**를 클릭합니다.

STEP 02 : MBTI 테스트하여 결과 입력하기

1 ▶ 온라인 엔트리가 실행되면 ▶ 버튼을 누른 후 ▶시작하기 를 클릭합니다.

2 ▶ MBTI 문제가 나오면 내용을 읽고 본인의 생각대로 답을 선택합니다.

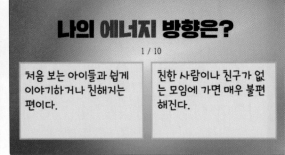

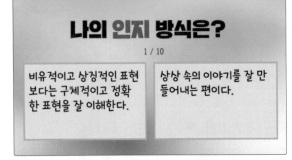

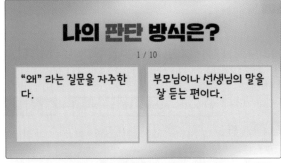

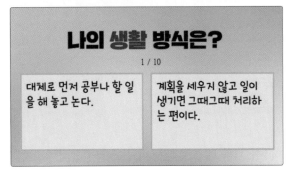

3 ▶ 실습 파일로 돌아와 **[2 슬라이드]**에 본인의 MBTI 타입을 입력합니다.

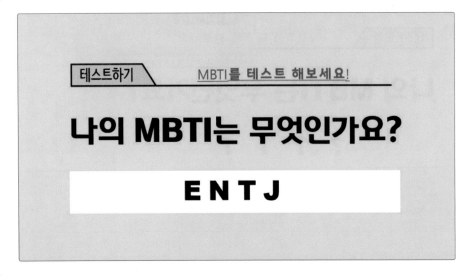

STEP 03 : 글꼴 서식 변경 및 번호 매기기 목록 만들기

1 ▸ [3 슬라이드]를 선택한 후 제목을 클릭합니다. 이어서, 테두리를 클릭합니다.

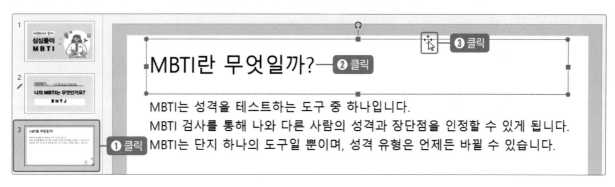

2 ▸ [서식 도구 모음]에서 **글꼴(나눔고딕), 진하게(가), 글자 색(가)**을 지정합니다.

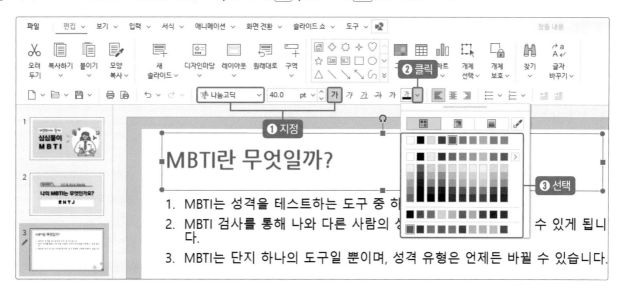

3 ▸ 아래쪽 내용을 선택한 후 테두리를 클릭합니다. [서식] 탭에서 [문단 번호 매기기(目)]의 ∨를 눌러 **1, 2**를 선택합니다.

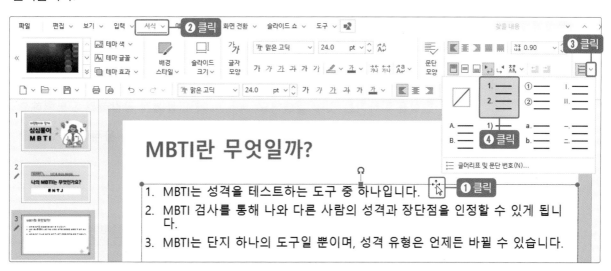

STEP 04 : 글머리표 매기기 및 줄 간격 변경하기

1▸ **[4 슬라이드]**를 선택한 후 왼쪽 레이아웃 박스를 클릭합니다.

2▸ [서식] 탭에서 [글머리 표 매기기(≣)]의 ∨를 눌러(■ —)을 선택합니다.

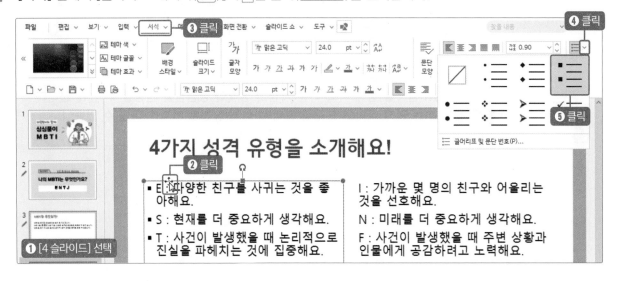

3▸ [서식] 탭에서 [줄 간격(값표)]의 ∨를 눌러 **1.5**를 선택합니다.

4▸ 오른쪽 내용도 [글머리 표 매기기(≣)]와 [줄 간격(값표)]을 변경합니다.

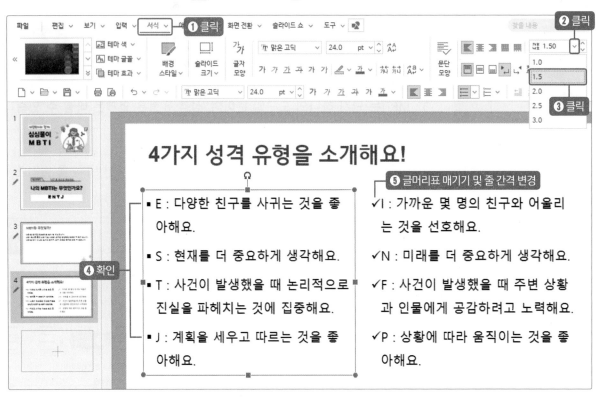

5▸ 모든 작업이 끝나면 **[파일]-[저장하기]** 또는 [서식 도구 모음]에서 저장하기(💾)를 클릭합니다.

1 아래 그림을 참고하여 내용을 입력한 후 글꼴, 줄 간격, 글머리 기호를 변경해 보세요.

· **실습파일** : 03차시_연습문제_1.show   · **완성파일** : 03차시_연습문제_1(완성).show

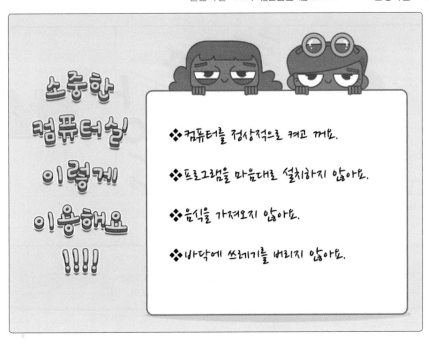

소중한
컴퓨터실!
이렇게
이용해요
!!!!

❖ 컴퓨터를 정상적으로 켜고 꺼요.

❖ 프로그램을 마음대로 설치하지 않아요.

❖ 음식을 가져오지 않아요.

❖ 바닥에 쓰레기를 버리지 않아요.

2 아래 그림과 조건을 참고하여 오탈자를 수정한 후 슬라이드를 편집해 보세요.

· **실습파일** : 03차시_연습문제_2.show   · **완성파일** : 03차시_연습문제_2(완성).show

떡볶이 만드는 방법

마린분식
비밀 레시피
#떡볶이

① 떡 400g과 물 300ml를 넣습니다.

② 설탕 4스푼, 간장 2스푼, 고춧가루 1스푼, 고추장 1스푼을 넣습니다.

③ 물을 끓이기 시작합니다.

④ 물이 끓으면 파를 넣고 약간 졸여줍니다.

✓ 취향에 따라 치즈, 라면, 삶은 달걀을 넣으면 더 맛있어요!

**작성
조건**
· 입력된 내용을 원하는 글꼴 서식으로 변경
· 문단 번호, 글머리표, 줄 간격을 적용

워드숍으로 나의 BEST3 소개하기

⚓ 워드숍을 삽입하고 서식을 지정할 수 있어요.

⚓ 워드숍에 다양한 효과를 지정할 수 있어요.

⚓ 글상자를 삽입한 후 복사 및 붙여넣기를 할 수 있어요.

⚓ 워드숍 글자를 예쁘게 꾸미는 작업은 생각보다 어려워요. 하지만 여러 가지 효과(채우기 색, 윤곽선 색, 그림자, 반사 등)가 적용되어 있는 워드숍을 사용하면 쉽고 빠르게 예쁜 글자를 만들 수 있어요.

 미리보기

실습파일 : BEST_3 소개.show   완성파일 : BEST_3 소개(완성).show

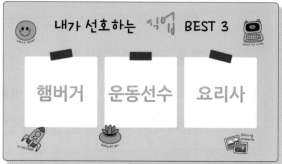

STEP 01 : 워드숍 삽입하고 효과 지정하기

1 ▸ [04차시] 폴더에서 **BEST_3 소개.show** 파일을 열고 **[1 슬라이드]**를 선택합니다.

2 ▸ [입력] 탭-**[워드숍(카나다)]**에서 원하는 스타일을 선택합니다.

3 ▸ 워드숍이 삽입되면 **나의 BEST를 소개해요.**를 입력합니다. 만약, 안쪽 블록이 해제되었을 경우에는 마우스로 드래그하여 블록으로 지정한 후 입력합니다.

4 ▸ 워드숍의 테두리를 클릭한 후 [서식 도구 모음]에서 **글자 크기(80)**를 지정합니다.

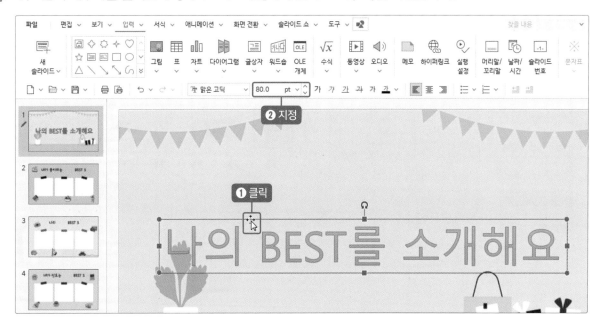

5 ▸ [도형()] 탭-[글자 효과(가)]-[변환]에서 원하는 변환 효과를 선택합니다.

6 ▸ 테두리를 드래그하여 위치를 변경합니다.

7 ▸ 똑같은 방법으로 [워드숍(가나다)]을 추가해 본인 이름을 입력한 후 위치를 이동시킵니다.

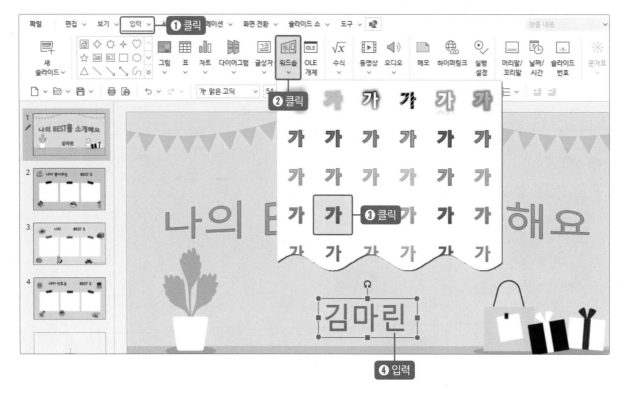

1 ▸ **[2 슬라이드]**를 선택한 후 워드숍을 이용하여 제목에 음식을 입력합니다.

2 ▸ **[입력]** 탭에서 **글상자(🔲)**를 클릭한 후 **가로 글상자**를 선택합니다.

3 ▸ 커서가 변경(✛)되면 왼쪽 첫 번째 칸을 클릭하여 좋아하는 음식을 입력한 후 테두리를 선택합니다.

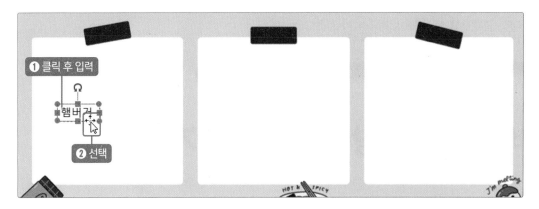

LEVEL UP! 워드숍 서식 지정

입력된 워드숍의 테두리를 선택한 후 [도형] 탭에서 '글자 채우기(🔲), 글자 윤곽선(🔲), 글자 효과(🔲)'를 이용하여 다양하게 서식을 지정할 수 있습니다.

내가 좋아하는 음식 BEST 3

▲ 글자 채우기(■), 글자 윤곽선(■), 글자 효과(반사 🔲)

4 ▸ [서식 도구 모음]에서 **글꼴(나눔고딕)**, **글자 크기(60)**, **진하게(가)**, **그림자(가)**를 지정한 후 테두리를 드래
그하여 적당한 위치로 이동합니다.

5 ▸ Ctrl + Shift 를 누른 채 글상자의 테두리를 오른쪽으로 드래그하여 복사한 후 내용을 수정합니다.

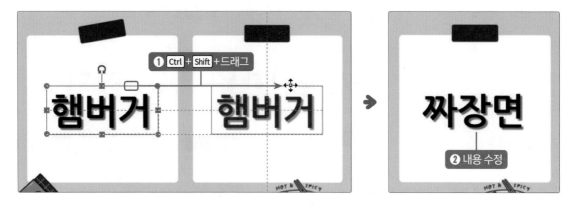

6 ▸ 똑같은 방법으로 글상자를 복사하여 남은 빈칸을 채워보아요.

7 ▸ [3 슬라이드]와 [4 슬라이드]도 **워드숍(가나다)**과 **글상자(그)**를 이용하여 내용을 입력합니다.

▲ [3 슬라이드]

▲ [4 슬라이드]

1 아래 그림을 참고하여 워드숍을 추가한 후 원하는 글자 효과를 적용해 보세요.

· 실습파일 : 04차시_연습문제_1.show · 완성파일 : 04차시_연습문제_1(완성).show

2 아래 그림을 참고하여 워드숍을 추가한 후 원하는 글자 효과를 적용해 보세요.

· 실습파일 : 04차시_연습문제_2.show · 완성파일 : 04차시_연습문제_2(완성).show

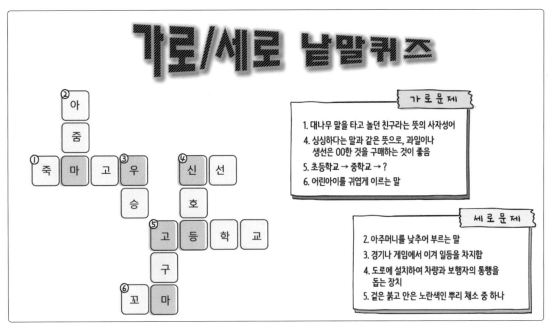

📢 정답 입력은 글상자를 복사(Ctrl+드래그)하여 내용을 수정할 수 있어요.

도형을 이용하여 쥐돌이 그리기

학습목표

- 다양한 도형을 삽입할 수 있어요.
- 삽입된 도형에 여러 가지 효과를 적용할 수 있어요.
- 도형을 회전시키고 원하는 위치로 복사할 수 있어요.

 도형   한쇼 프로그램에서는 도형을 삽입하여 여러 가지 효과(색 채우기, 윤곽선, 도형 스타일, 그림자, 온 등)를 적용할 수 있으며, 도형을 회전하거나 그룹으로 묶어서 관리할 수도 있어요.

미리보기   실습파일 : 쥐돌이.show   완성파일 : 쥐돌이(완성).show

STEP 01 : 도형을 이용하여 쥐돌이 얼굴과 몸통 그리기

1 ▸ [05차시] 폴더에서 **쥐돌이.show** 파일을 열고 [입력] 탭에서 [도형]-☒-[기본 도형-**이등변 삼각형(△)**]을 선택합니다.

2 ▸ 마우스 포인터 모양(┼)이 변경되면 Shift 를 누른 채 대각선 방향으로 드래그합니다.

3 ▸ [도형(🖌)] 탭에서 [도형 채우기]-회색 계열(■)을 클릭합니다.

4 ▸ [도형(🖌)] 탭에서 [도형 윤곽선]-[선 굵기]- 2.25 pt ━━ 를 클릭합니다.

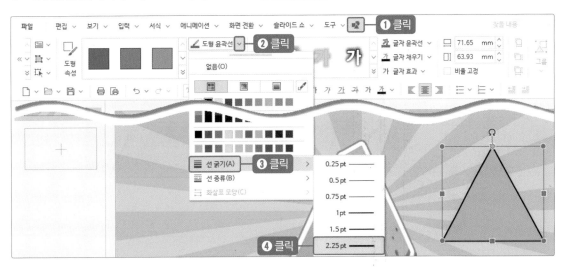

5 [Ctrl]을 누른 채 도형을 드래그하여 복사한 후 [도형( )] 탭에서 [회전( )]-**상하 대칭**을 클릭합니다.

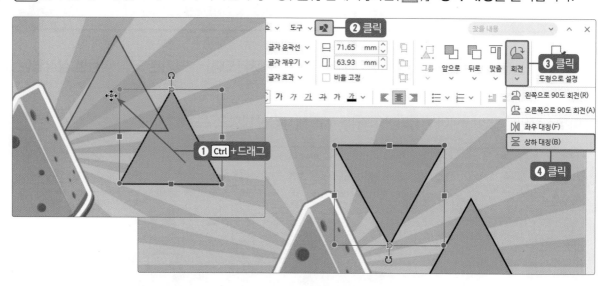

6 복사된 도형을 드래그하여 위치를 변경한 후 키보드 방향키([←], [→], [↑], [↓])로 세밀하게 위치를 맞춥니다.

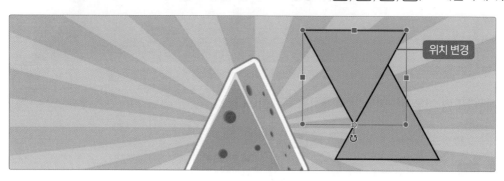

위치 변경

STEP 02 **눈과 코 그리기**

1 [입력] 탭에서 [도형]- -[기본 도형-**타원( )**]을 클릭한 후 드래그합니다.

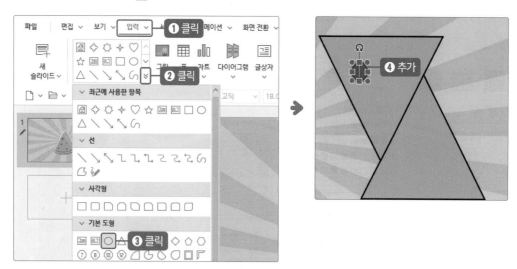

32

2 ▸ [도형(🎨)] 탭에서 [도형 채우기]-검정색 계열(■)을 지정한 후 회전 핸들(🔄)로 회전시키세요.

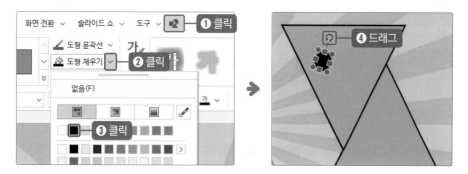

3 ▸ Ctrl + Shift 를 누른 채 도형을 드래그하여 복사한 후 [도형(🎨)] 탭에서 [회전(🔄)]-**좌우 대칭**을 클릭합니다.

4 ▸ 똑같은 방법으로 타원(◯)을 이용하여 코를 그리세요.

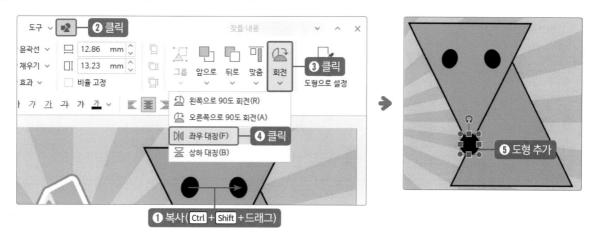

STEP 03 : 귀 그리기

1 ▸ 쥐돌이 **얼굴 위에서** 마우스 오른쪽 버튼을 눌러 [**기본 도형으로 설정**]을 클릭합니다.

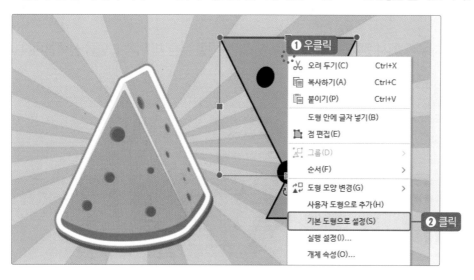

여러 가지 서식(도형 채우기, 도형 윤곽선, 도형 효과 등)이 적용된 도형을 대상으로 [기본 도형으로 설정]을 지정하면 이후에 도형을 삽입할 때 설정한 서식이 그대로 적용되어 반복 작업을 최소화할 수 있어요.

2 ▸ [입력] 탭에서 [도형]-⌄-[기본 도형-**타원(◯)**]을 클릭한 후 Shift 를 누른 채 드래그합니다. Ctrl 을 누른 채 도형을 드래그하여 복사합니다.

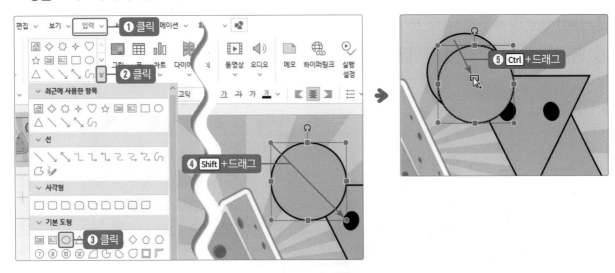

3 ▸ 대각선 조절점(◌)을 드래그하여 크기를 조절한 후 위치를 변경합니다.

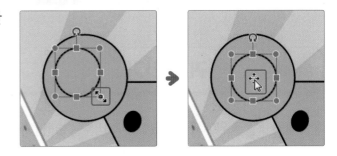

4 ▸ [도형(🖌)] 탭에서 [도형 채우기]에서 원하는 색상을 선택한 후 Shift 를 누른 채 뒤쪽 도형을 선택합니다.

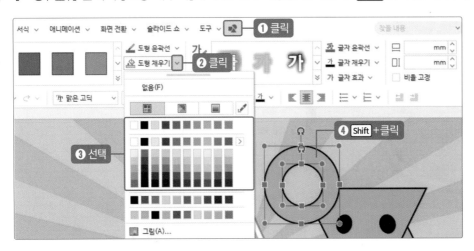

5 ▸ Ctrl+Shift를 누른 채 2개의 도형을 드래그하여 복사한 후 Shift를 누른 채 왼쪽 도형 2개를 클릭합니다.

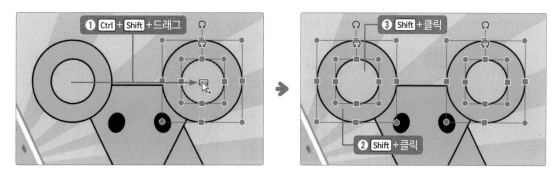

6 ▸ [도형(■♣)] 탭에서 [뒤로(⬚)]-**맨 뒤로**를 클릭합니다.

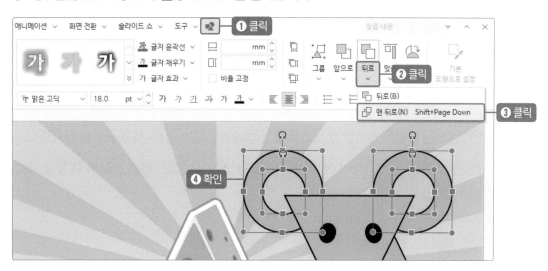

STEP **04** ⋮ **꼬리 그린 후 개체 묶기**

1 ▸ [입력] 탭에서 [도형]-[선-**구부러진 연결선(∽)**]을 선택한 후 드래그합니다.

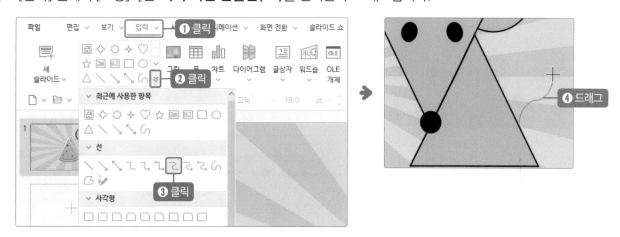

2 ▸ [도형(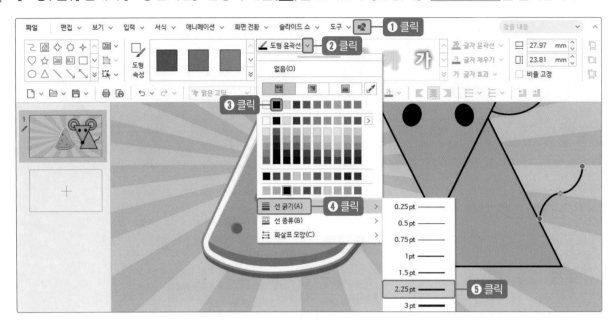)] 탭에서 [도형 윤곽선]-**검정색 계열(■)**을 선택한 후 [선 굵기]- 2.25 pt ──── 를 클릭합니다.

3 ▸ Ctrl+A를 눌러 삽입된 모든 도형을 선택한 후 [도형(🖼)] 탭에서 [그룹(🔺)]-**개체 묶기**를 클릭합니다.

4 ▸ Ctrl을 누른 채 그룹화된 도형을 드래그하여 복사합니다. [도형] 탭에서 [회전(🔄)]-**좌우 대칭**을 클릭한 후 크기와 위치를 변경합니다.

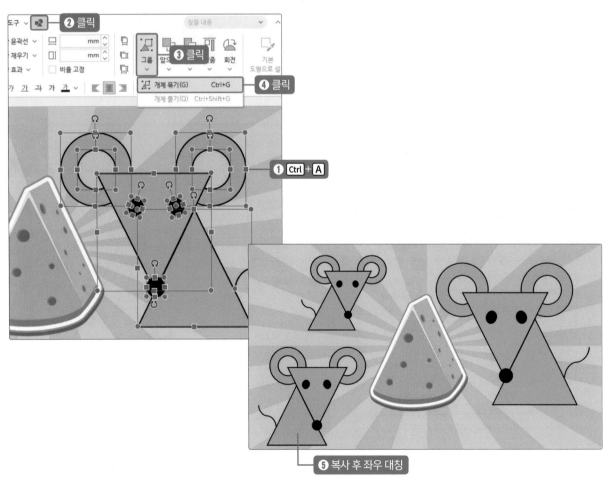

36

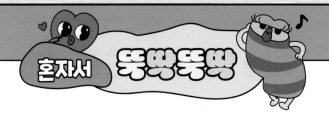

1 여러 가지 도형을 이용하여 귀여운 꽃게를 만들어 보세요.

· 실습파일 : 05차시_연습문제_1.show　　　· 완성파일 : 05차시_연습문제_1(완성).show

작성조건
· 몸통과 배딱지 : 모서리가 둥근 직사각형(□)
· 눈 : 타원(○), 직사각형(□)
· 집게발 : 부분 원형(◔), 직사각형(□)
· 다리 : 모서리가 둥근 직사각형(□)

📢 도형의 색은 원하는 색으로 채워보세요!

LEVEL UP! 도형 이름 확인하기

[편집] 탭에서 [개체 선택(⊞)]-개체 선택 창을 클릭하면 현재 슬라이드에 삽입된 모든 도형의 목록이 오른쪽 창에 표시돼요.

06

도형을 겹쳐 핸드폰 로고 만들기

✄ 도형의 서식을 변경한 다음 기본 도형으로 설정할 수 있어요.

✄ 좌우 대칭을 적용할 수 있어요.

✄ 색 골라내기를 이용하여 색을 추출할 수 있어요.

✄ **도형 겹치기**   한쇼 프로그램에서는 동일한 서식의 도형을 겹쳐 하나의 모양처럼 보이게 만들 수 있어요. 해당 기능을 활용해 사과 모양 로고를 만들어 보도록 하겠습니다.

미리보기   실습파일 : 로고 만들기.show   완성파일 : 로고 만들기(완성).show

STEP 01 : 타원을 이용하여 사과 모양 만들기

1 ▸ [06차시] 폴더에서 **로고 만들기.show** 파일을 열고 [1 슬라이드]를 선택합니다.

2 ▸ [입력] 탭에서 [도형]-⌄-[기본 도형]-**타원(○)**을 선택한 후 드래그합니다.

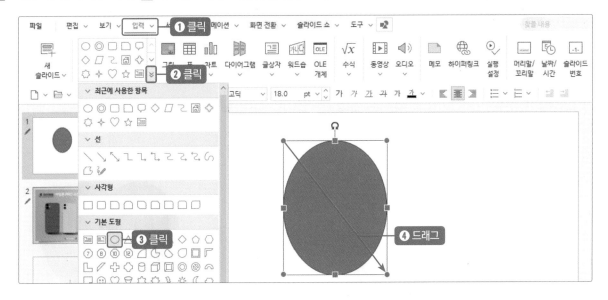

3 ▸ [도형(🖼)]-**도형 채우기**에서 도형을 원하는 색으로 변경하고 **도형 윤곽선-없음**을 클릭합니다.

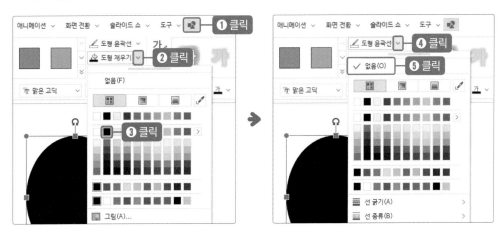

4 ▸ 도형 위에서 마우스 오른쪽 버튼을 눌러 [**기본 도형으로 설정**]을 클릭합니다.

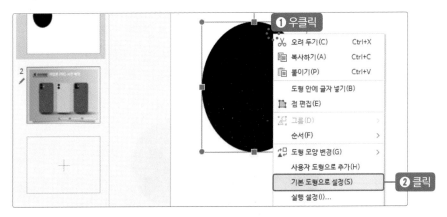

5 ▶ 회전 핸들(⟳)을 왼쪽으로 드래그하여 회전시킨 후 [Ctrl]+[Shift]를 누른 채 도형을 드래그하여 복사합니다.

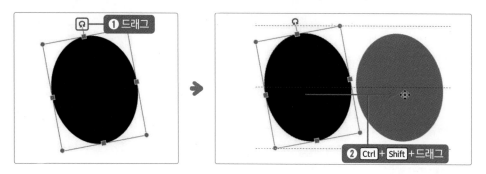

6 ▶ [도형(⬛)] 탭에서 [회전(⟳)]-**좌우 대칭**을 클릭한 후 키보드 방향키(←, →, ↑, ↓)를 이용하여 아래 그림처럼 위치를 변경합니다.

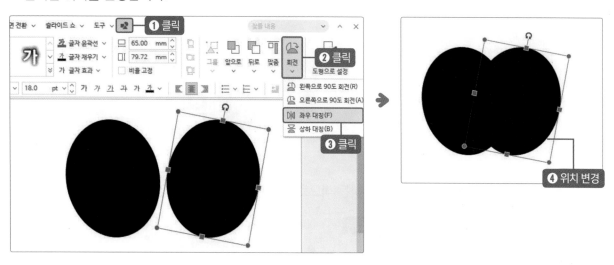

STEP **02** : **한입 베어 문 사과 모양 만들기**

1 ▶ [입력] 탭에서 [도형]-⌄-[기본 도형-**타원(◯)**]을 선택한 후 도형을 추가합니다.

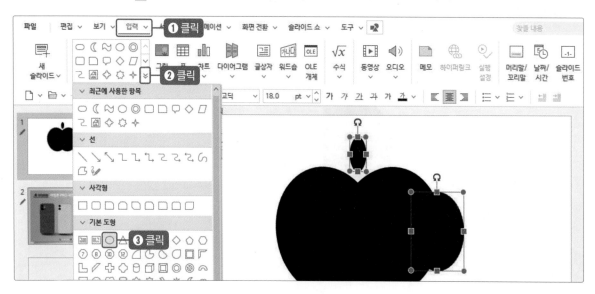

40

2 ▸ 회전 핸들(↻)을 오른쪽으로 드래그하여 회전시키고 Ctrl+A 를 눌러 모든 도형을 선택합니다.

3 ▸ Ctrl+C 를 눌러 선택된 도형을 복사해 주세요.

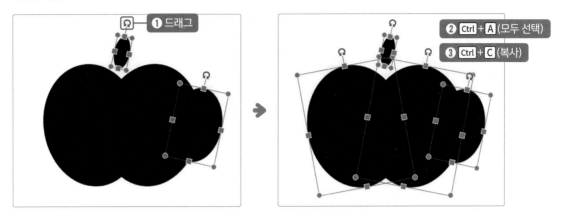

🔊 Shift 키를 누른 채 2개 이상의 도형을 한 번에 선택할 수 있어요.

4 ▸ [2 슬라이드]를 클릭한 후 Ctrl+V 를 눌러 도형을 붙여넣기 합니다.

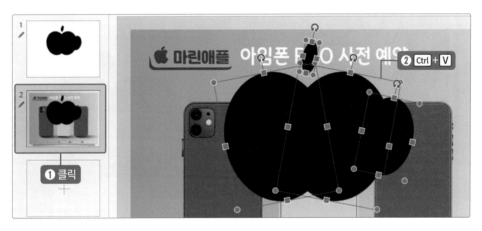

5 ▸ 아래 그림과 같이 도형을 선택한 다음 [도형(🔻)] 탭에서 [도형 채우기]-**색 골라내기(🖋)**를 클릭합니다.

6 ▸ 마우스 포인터가  모양으로 바뀌면 휴대폰을 클릭하여 같은 색을 추출합니다.

7 ▸ Ctrl + A 를 누른 후 마우스 오른쪽 버튼을 눌러 [그룹]-**[개체 묶기]**를 선택합니다.

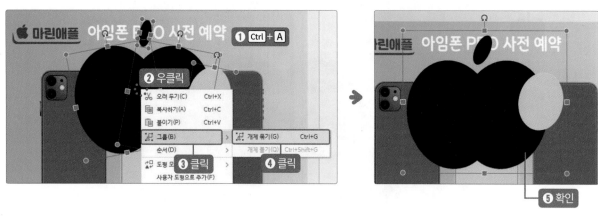

8 ▸ 크기와 위치를 맞춘 다음 로고를 복사해 색상을 바꿔봅니다.

1 타원 도형을 이용하여 자동차의 바퀴를 완성해 보세요.

·실습파일 : 06차시_연습문제_1.show ·완성파일 : 06차시_연습문제_1(완성).show

힌트

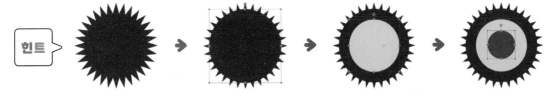

2 타원 도형을 이용하여 우산을 완성해 보세요.

·실습파일 : 06차시_연습문제_2.show ·완성파일 : 06차시_연습문제_2(완성).show

힌트

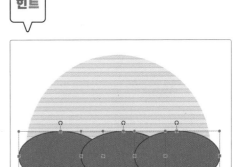

다이어그램으로 상품 홍보하기

#다이어그램 #다이어그램 색상 #다이어그램 스타일

학습목표

❤ 다이어그램을 삽입할 수 있어요.
❤ 하위 항목 도형을 추가할 수 있어요.
❤ 다이어그램의 색상과 스타일을 변경할 수 있어요.

✯ 다이어그램

다이어그램은 정보를 표현할 때 멋진 그래픽으로 표현하도록 도와주는 기능이에요. 잘 사용하면 복잡한 자료도 전문가처럼 디자인할 수 있어요.

미리보기

실습파일 : 마린과자점.show   완성파일 : 마린과자점(완성).show

STEP 01 : 다이어그램 삽입하기

1 ▸ [07차시] 폴더에서 **마린과자점.show** 파일을 열고 [입력] 탭에서 [다이어그램(▦)]-**시간 흐름 막대형**을 클릭합니다.

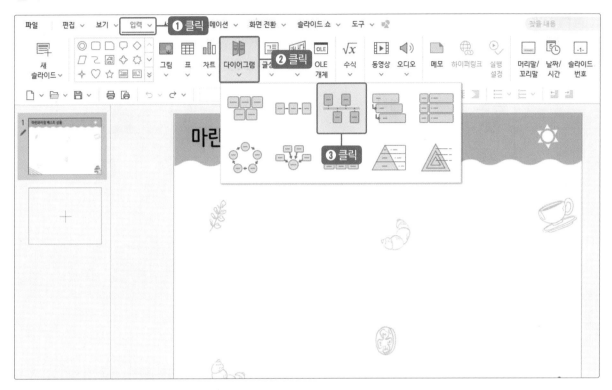

2 ▸ 다이어그램이 삽입되면 오른쪽 [개체 속성] 창에서 [항목 추가(+ ∨)]를 클릭합니다.

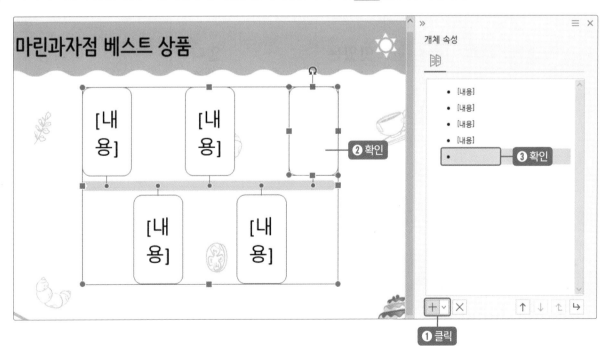

STEP 02 : 다이어그램에 내용 입력하기

1 ▶ 각 항목에 아래와 같이 내용을 입력한 후 오른쪽 [개체 속성] 창을 **종료**합니다.

2 클릭

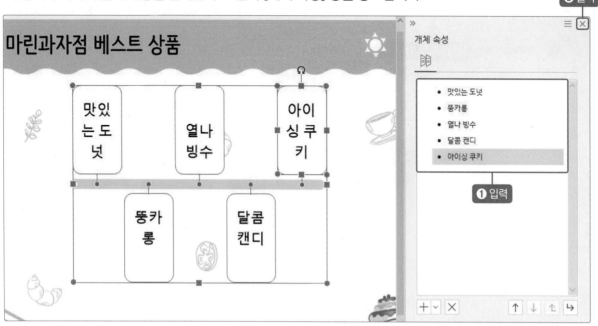

2 ▶ 다이어그램의 크기와 위치를 조절합니다.

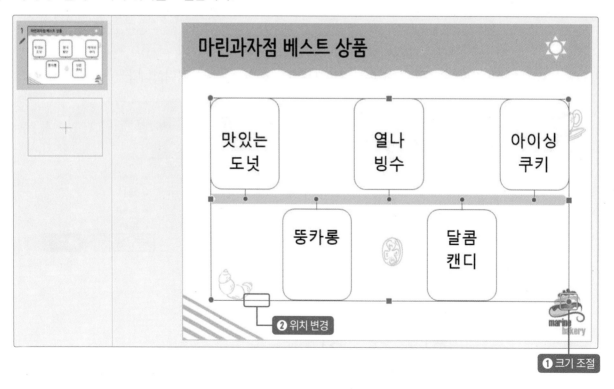

STEP 03 **다이어그램의 색상과 스타일 변경하기**

1 ▸ [다이어그램(📑)] 탭에서 **[색 변경(📑)]**과 **[스타일 변경(📑)]** 메뉴를 이용하여 원하는 서식으로 바꿔보세요.

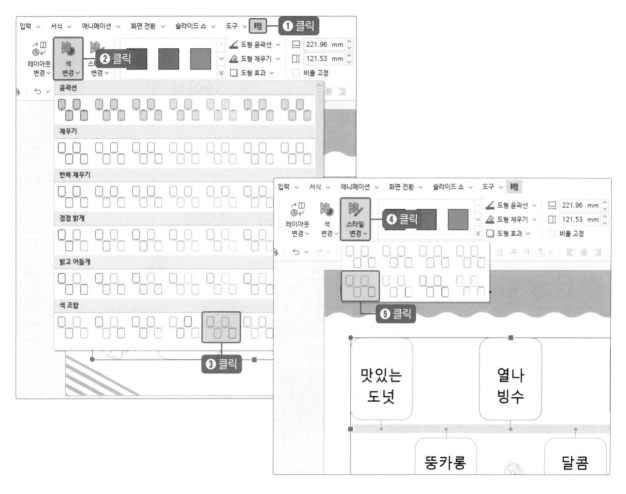

2 ▸ 다이어그램 위에서 마우스 오른쪽 버튼을 눌러 **[도형으로 변환]**을 클릭합니다.

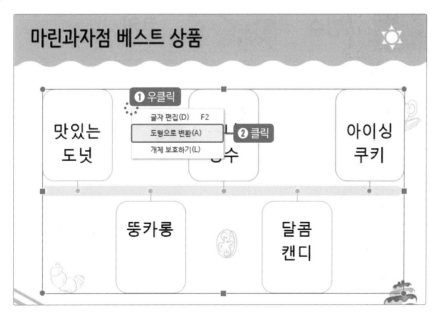

3 ▸ 다이어그램의 테두리를 선택한 다음 **글꼴 서식**을 자유롭게 변경해 보세요.

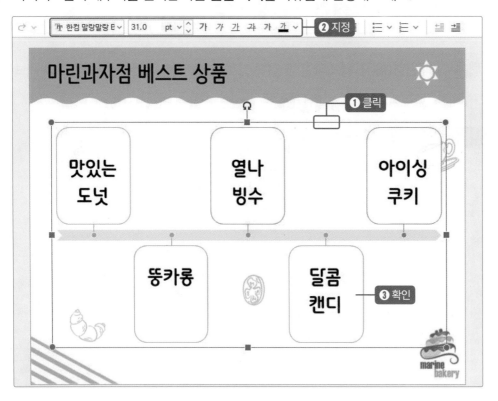

4 ▸ 슬라이드 주변의 그림들을 예쁘게 배치해 보세요.

1 아래 그림을 참고하여 다이어그램(세로 설명 목록형)으로 슬라이드를 꾸며보세요.

· 실습파일 : 07차시_연습문제_1.show   · 완성파일 : 07차시_연습문제_1(완성).show

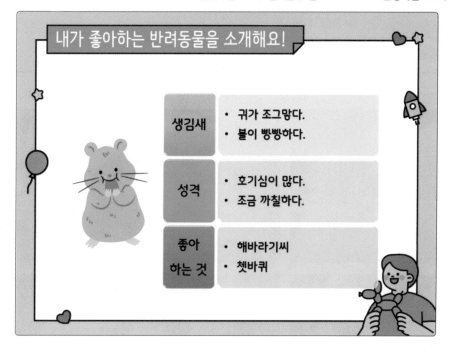

2 아래 그림을 참고하여 다이어그램(원형 순환형)으로 슬라이드를 꾸며보세요.

· 실습파일 : 07차시_연습문제_2.show   · 완성파일 : 07차시_연습문제_2(완성).show

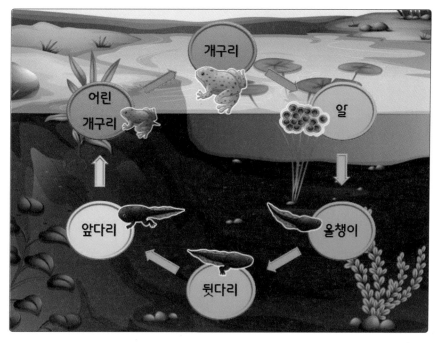

08 칠교놀이 대회

✤ 칠교놀이는 큰 정사각형을 직각 이등변 삼각형과 정사각형, 평행 사변형의 7개의 조각으로 나눠서 여러 가지 형태를 만드는 놀이예요. 먼저 7개의 칠교 조각들을 만든 후에 하트, 여우, 물음표 모양을 하나씩 만들어 볼까요?

미리보기

실습파일 : 칠교놀이.show   완성파일 : 칠교놀이(완성).show

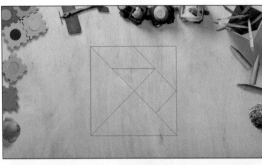
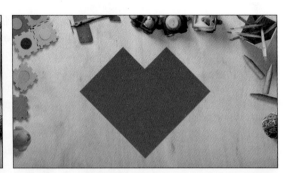

놀이 방법

❶ [1 슬라이드]에 [도형]-[기본 도형] 범주의 이등변 삼각형, 다이아몬드, 평행 사변형 도형을 삽입합니다.

❷ 이등변 삼각형은 4개를 더 복제합니다.

❸ 각 도형의 채우기 색을 변경하고 도형 윤곽선을 없음으로 지정합니다.

❹ 도형의 크기를 조절하고 회전시켜서 칠교판에 맞도록 배치합니다.

❺ [2~3 슬라이드]의 하트, 여우는 [1 슬라이드]의 칠교 조각을 복사하여 붙여넣은 후 완성해 봅니다.

❻ [4 슬라이드]는 제공된 칠교 조각을 이용하여 완성해 봅니다.

STEP 01 : 칠교놀이 조각 만들기

1 ▸ [08차시] 폴더에서 **칠교놀이.show** 파일을 열고 [1 슬라이드]를 선택합니다.

2 ▸ [입력] 탭에서 [도형]- ⌄ -[기본 도형-**이등변 삼각형(△)**]을 클릭해 도형을 추가합니다.

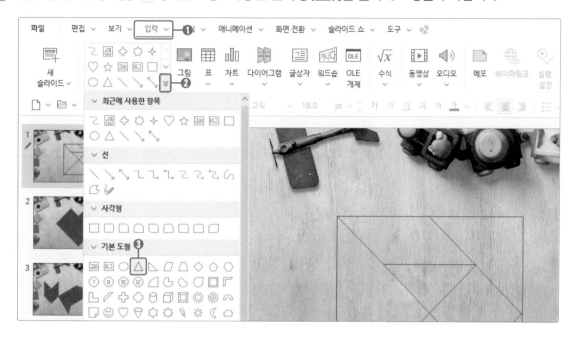

3 ▸ 도형을 원하는 색상으로 변경하고 윤곽선을 **없음**으로 지정합니다.

> 📢 도형 채우기 색상은 여러분이 원하는 색으로 선택해 보세요. 단, 다른 블록과 색이 겹치지 않아야 해요.

4 ▸ Shift를 누른 채 회전 핸들(↻) 드래그하여 도형을 회전시킨 후 크기와 위치를 변경합니다.

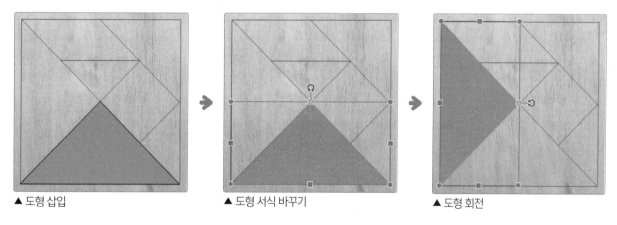

▲ 도형 삽입   ▲ 도형 서식 바꾸기   ▲ 도형 회전

5 ▸ 똑같은 방법으로 다음과 같이 **이등변 삼각형, 다이아몬드, 평행 사변형 도형**을 삽입해요.

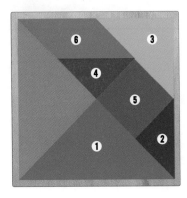

구분	도형	도형 채우기	도형 윤곽선
❶	[기본 도형]-[이등변 삼각형]	파랑	
❷	[기본 도형]-[이등변 삼각형]	진한 파랑	
❸	[기본 도형]-[이등변 삼각형]	노랑	없음
❹	[기본 도형]-[이등변 삼각형]	빨강	
❺	[기본 도형]-[다이아몬드]	자주	
❻	[기본 도형]-[평행 사변형]	초록	

LEVEL UP! 평행 사변형 도형 그리기

❶ [기본 도형]-[평행 사변형(▱)]을 선택한 후 드래그하여 평행 사변형을 그립니다.

❷ 노란색 조절점(◆)을 오른쪽으로 드래그하여 뾰족하게 만듭니다.

❸ [도형(◈)] 탭에서 [회전(🔄)]-[좌우 대칭]을 클릭합니다.

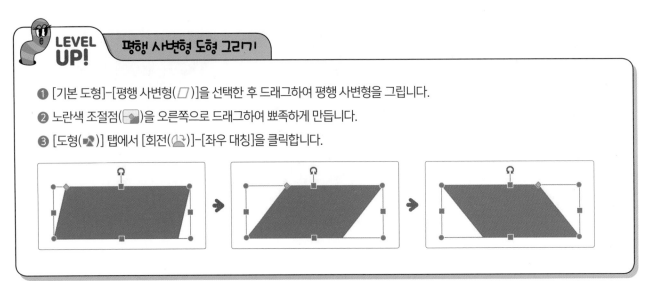

STEP 02 칠교놀이 활동

1 ▸ [**1 슬라이드**]의 조각들을 모두 선택하고 [Ctrl]+[C]를 눌러 복사한 후 [**2 슬라이드**]에 [Ctrl]+[V]를 눌러 붙여넣어 하트 모양을 만들어 봅니다.

2 ▸ [1 슬라이드]의 조각들을 모두 선택하고 Ctrl+C를 눌러 복사한 후 [3 슬라이드]에 Ctrl+V를 눌러 붙여넣은 후 여우 모양을 만들어 보세요.

3 ▸ [4 슬라이드]는 물음표 모양에 맞게 크기를 축소한 조각들을 이용하여 **물음표** 모양을 만들어 보세요.

09

#표 #표 스타일 #셀 병합

표를 이용하여 마린 마켓 만들기

학습목표

✿ 표를 삽입하여 내용을 입력할 수 있어요.
✿ 표 스타일을 지정할 수 있어요.
✿ 내용을 정렬하고 셀을 병합할 수 있어요.

 표 삽입 자료들이 정리되지 않고 뒤죽박죽 섞여 있다면 표를 이용하여 깔끔하게 정리할 수 있어요. 한쇼에서는 원하는 크기로 표를 삽입하고 다양한 표 스타일을 지정하여 깔끔하게 정리할 수 있어요.

미리보기   실습파일 : 마린마트.show   완성파일 : 마린마트(완성).show

STEP 01 : 표를 삽입한 후 스타일 변경하기

1▶ [09차시] 폴더에서 **마린마트.show** 파일을 열고 [입력] 탭에서 [표(⊞)]를 클릭합니다.

2▶ [표 만들기] 대화상자에서 **줄 개수(8)와 칸 개수(12)**를 입력한 후 <확인>을 클릭합니다.

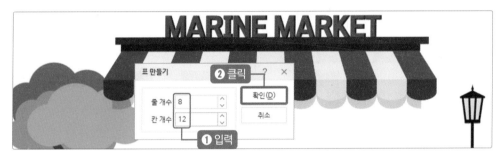

3▶ 표가 삽입되면 [표 디자인(⊞)] 탭-[표 스타일]에서 ⌄를 눌러 보통-**보통 스타일 4 – 강조 3**을 클릭합니다.

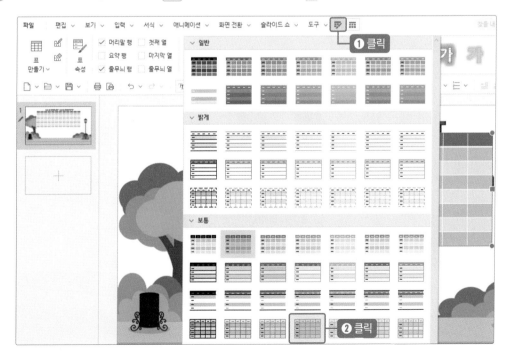

1 ▶ 표의 바깥쪽 테두리를 드래그하여 위치를 이동시키세요.

2 ▶ 표 아래쪽 가운데 조절점(▣)을 드래그하여 세로 크기를 변경한 후 가로 크기도 변경합니다.

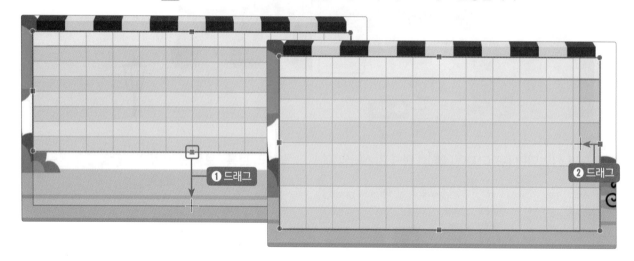

3 ▶ 그림처럼 마우스를 드래그하여 셀을 블록으로 지정한 후 마우스 오른쪽 버튼을 눌러 [셀 합치기]를 클릭합니다.

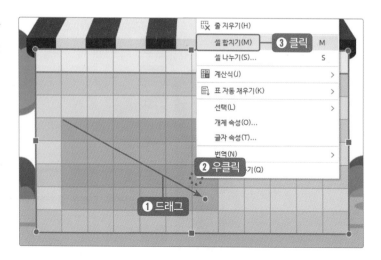

56

4 ▸ 우측 셀들도 블록으로 지정한 후 마우
스 오른쪽 버튼을 눌러 [셀 합치기]를
클릭합니다.

STEP 03 : 셀 안에 그림 삽입 후 글자 서식 변경하기

1 ▸ 합쳐진 왼쪽 셀을 클릭한 후 [표 디자인()] 탭에서 [표 채우기]-∨-**그림**을 클릭합니다.

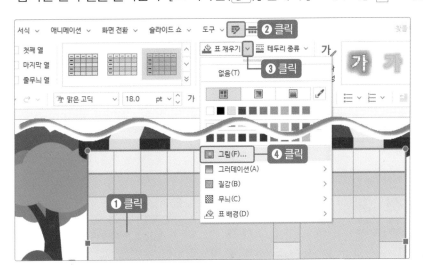

2 ▸ [그림 넣기] 대화상자가 나오면 [09차시] 폴더에서 **상가_창문**을 삽입합니다. 똑같은 방법으로 오른쪽 셀
상가_문 그림을 채워주세요.

3 ▸ 상가 창문 그림 위쪽에 텍스트를 입력한 후 [서식 도구 모음]에서 **글자 크기(12)**와 **가운데 정렬(≡)**을 지정하고, [내용 정렬(▤)]-**중간(▤)**을 선택합니다.

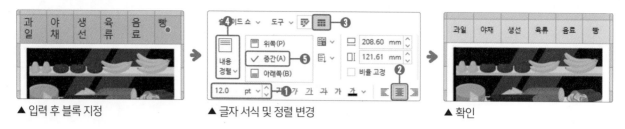

▲ 입력 후 블록 지정　　　　　　　　▲ 글자 서식 및 정렬 변경　　　　　　▲ 확인

4 ▸ **과일** 셀을 클릭한 후 [표 디자인(▤)] 탭에서 [표 채우기]을 클릭하여 원하는 색상을 선택합니다.

5 ▸ 똑같은 방법으로 나머지 셀에 색을 채운 후 표의 바깥쪽 테두리를 클릭합니다. 이어서, [표 레이아웃] 탭에서 [뒤로(▣)]-**맨 뒤로(▣)**를 클릭합니다.

1 표(줄 4, 칸 4)와 워드숍을 이용하여 메뉴 소개 슬라이드를 작성해 보세요.

· 실습파일 : 09차시_연습문제_1.show   · 완성파일 : 09차시_연습문제_1(완성).show

작성 조건 · 표 스타일(밝은 스타일 3-강조 4)   · 표 내용 정렬   · 표 채우기(그림)

2 표(줄 5, 칸 2)를 이용하여 우주 여행 슬라이드를 작성해 보세요.

· 실습파일 : 09차시_연습문제_2.show   · 완성파일 : 09차시_연습문제_2(완성).show

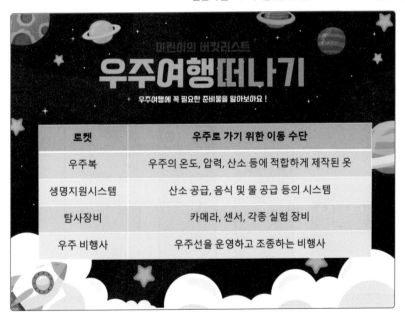

작성 조건 · 표 스타일(보통 스타일 1-강조 4)   · 표 내용 정렬

10

학습목표

#차트 #차트 디자인 #요소 서식

차트로 표정 변화 알아보기

☆ 여러 가지 차트 종류 중에서 필요한 차트를 삽입할 수 있어요.

☆ 차트 디자인 및 요소 등을 변경할 수 있어요.

☆ 차트 막대에 그림을 채울 수 있어요.

★ **차트 삽입**   차트(chart)는 표의 내용을 그림으로 나타낸 것으로 그래프(graph)라고도 해요. 표의 데이터를 차트로 나타내면 전체적인 내용을 한눈에 알아보기 편리해요.

 미리보기   실습파일 : 표정 변화.show   완성파일 : 표정 변화(완성).show

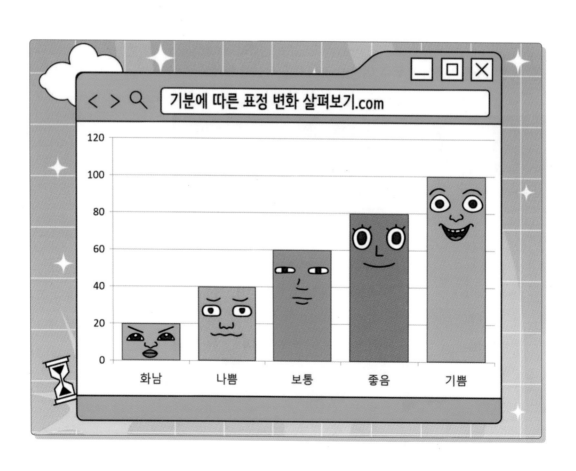

STEP 01 : 차트를 삽입한 후 데이터 입력하기

1 ▸ [10차시] 폴더에서 **표정 변화.show** 파일을 열고 [입력] 탭에서 **[차트(📊)]**를 클릭합니다.

2 ▸ 표시된 모양 중에서 [세로 막대형]–**묶은 세로 막대형**을 선택합니다.

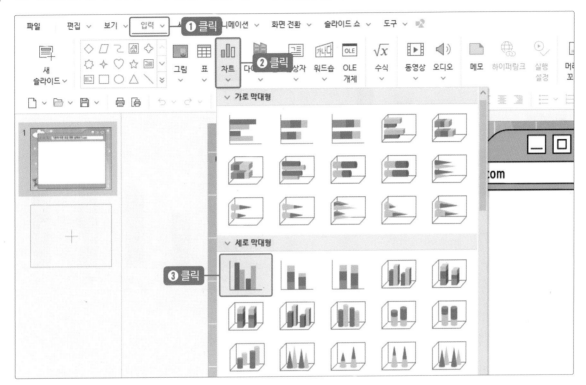

3 ▸ [차트 데이터 편집] 대화상자가 나타나면 아래 그림을 참고해 행을 추가하고 열을 삭제합니다.

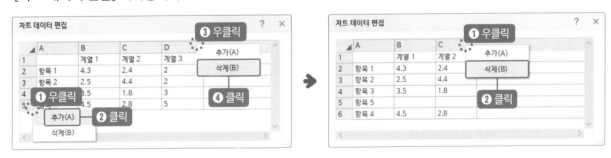

4 ▸ 필요한 데이터를 입력한 후 **닫기(✕)** 버튼을 누릅니다.

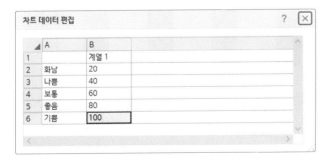

STEP 02 : 차트 요소 삭제 및 서식 지정하기

1 ▸ 차트 제목(계열 1)을 클릭한 후 Delete 를 눌러 삭제합니다. 이어서, 우측의 범례(■계열 1)도 같은 방법으로 삭제합니다.

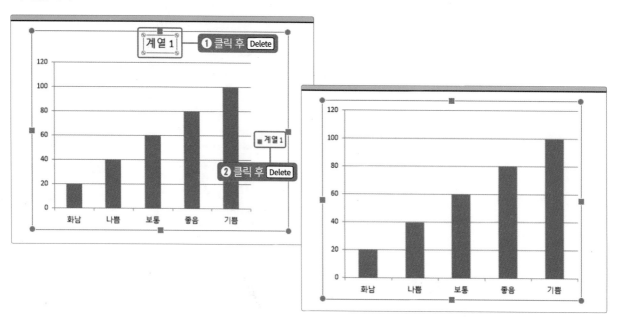

2 ▸ 차트의 크기와 위치를 적당하게 조절합니다.

3 ▸ 차트 바깥쪽 테두리를 클릭한 후 [서식 도구 모음]에서 **글꼴(맑은 고딕)**과 **글자 크기(16)**를 지정합니다.

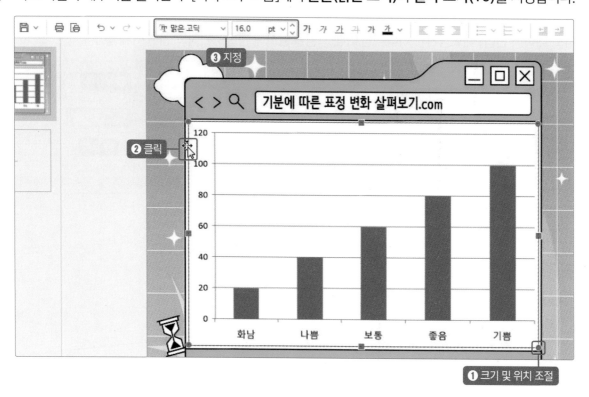

4▸ 화남 막대 위에서 마우스 오른쪽 버튼을 눌러 **[데이터 계열 속성]**을 클릭합니다.

5▸ 화면 오른쪽에 [개체 속성] 작업 창이 나오면 **간격 너비**를 30으로 입력합니다.

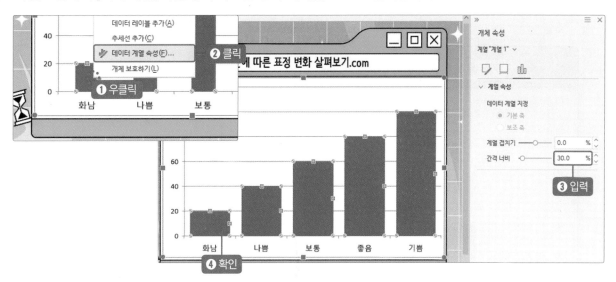

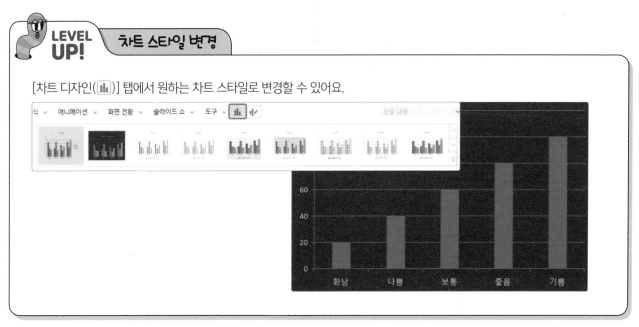

LEVEL UP! 차트 스타일 변경

[차트 디자인(📊)] 탭에서 원하는 차트 스타일로 변경할 수 있어요.

STEP 03 : **막대를 그림으로 채우기**

1▸ **화남 막대**를 연속 클릭하여 해당 요소만 선택합니다. 이어서, 마우스 오른쪽 버튼을 눌러 **[데이터 계열 속성]**을 클릭합니다.

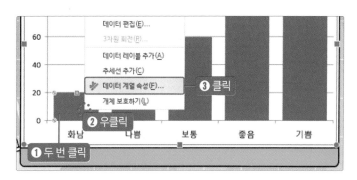

2 ▸ 화면 오른쪽 [개체 속성] 작업 창에서 [그리기 속성(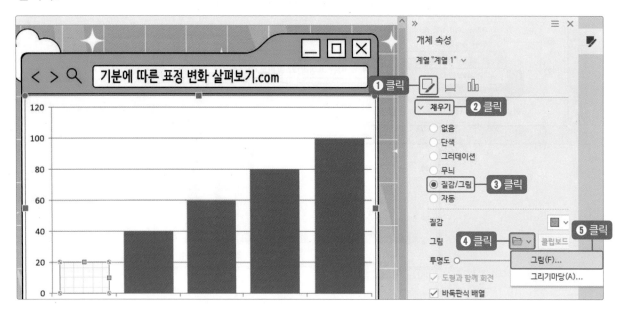)]-[채우기]-**[질감/그림]**을 선택한 후 **<그림>**을 클릭합니다.

3 ▸ [그림 넣기] 대화상자의 [10차시] 폴더에서 **화남**을 선택합니다

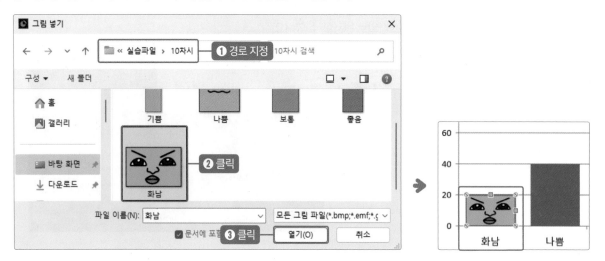

4 ▸ 똑같은 방법으로 나머지 막대에도 각각의 그림으로 채워주세요.

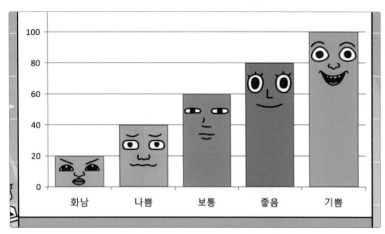

1 묶은 가로 막대형 차트를 이용하여 맞춤법에 관련된 슬라이드를 작성해 보세요.

· 실습파일 : 10차시_연습문제_1.show　　· 완성파일 : 10차시_연습문제_1(완성).show

	A	B
1		계열 1
2	어느세 / 어느새	90
3	겨땀 / 곁땀	30
4	금새 / 금세	60
5	몇일 / 며칠	50
6	건들이다 / 건드리다	50

작성
조건 · 차트 스타일(스타일 5)　· 차트 요소 삭제　· 글자 서식 변경

2 꺽은선형 차트를 이용하여 기온 변화에 관련된 슬라이드를 작성해 보세요.

· 실습파일 : 10차시_연습문제_2.show　　· 완성파일 : 10차시_연습문제_2(완성).show

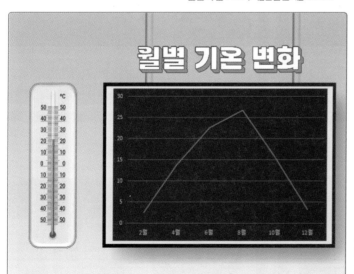

	A	B
1		계열 1
2	2월	24
3	4월	13.7
4	6월	22.5
5	8월	26.7
6	10월	15.6
7	12월	3.1

작성
조건 · 차트 스타일(스타일 9)　· 차트 요소 삭제　· 글자 서식 변경

#그림 삽입 #그림 스타일 #그림 효과

그림을 삽입하여 캐릭터 만들기

학습목표

❈ PC에 저장된 그림을 삽입하여 원하는 부분만 잘라낼 수 있어요.

❈ 그리기마당(한컴 애셋)에서 필요한 이미지를 검색하여 넣을 수 있어요.

❈ 웹 사이트에서 필요한 이미지를 검색한 후 복사하여 붙여넣을 수 있어요.

❈ **그림** 컴퓨터에 저장된 그림뿐만 아니라 인터넷 또는 그리기마당(한컴 애셋)에서 필요한 그림을 검색하여 슬라이드에 삽입할 수 있어요.

미리보기

실습파일 : 캐릭터 만들기.show   완성파일 : 캐릭터 만들기(완성).show

순둥순둥

상상력이 풍부한 캐릭터예요. 삼각형이 최고야! 컴퓨터, 집, 가구, 휴대폰 등 이 세상에 모든 것들이 삼각형이면 어떨까 매일매일 상상하는 즐거움이 있어요.

마요똥

화가 많은 캐릭터예요. 똥과 비슷한 생김새 때문에 처음 만나는 사람들에게 놀림을 받아요. 사실 이 친구는 다양한 요리에 도움을 주는 마요네즈랍니다.

바리바리

성격이 좋은 캐릭터예요. 다양한 성향의 친구들과 두루두루 잘 어울리지만, 차가운 성격의 친구를 만났을 때는 긴장하여 땀을 자주 흘리기도 해요.

뚱카롱

먹는 걸 좋아하는 캐릭터예요. 먹는 것은 다 좋다며 이것저것 많이 먹기도 하지만 머뭇거리가 있을 때는 항상 친구들과 나눠먹는 착한 뚱카롱이에요.

STEP 01 : 그림을 삽입하여 원하는 부분만 자르기

1 ▸ [11차시] 폴더에서 **캐릭터 만들기.show** 파일을 불러온 다음 [입력] 탭에서 **[그림( )]**을 클릭합니다.

2 ▸ [그림 넣기] 대화상자의 [11차시] 폴더에서 **표정**을 선택합니다.

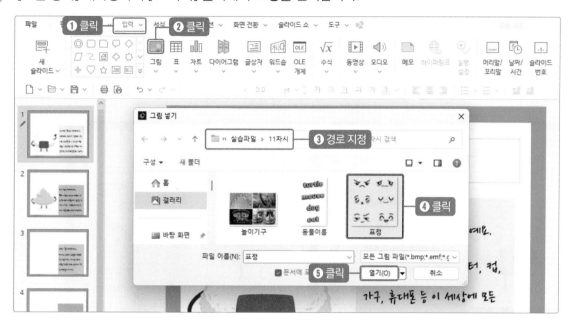

3 ▸ 그림이 삽입되면 [그림( )] 탭에서 **[자르기( )]**를 클릭합니다.

4 ▸ 그림 테두리에 자르기 선( )이 표시되면 원하는 이미지에 맞추어 드래그한 후 Esc 를 누르세요.

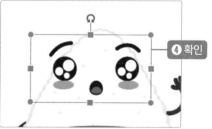

5 ▸ 그림의 위치를 변경한 후 슬라이드의 제목 글상자를 클릭하여 캐릭터의 **이름(순둥순둥)**을 입력합니다.

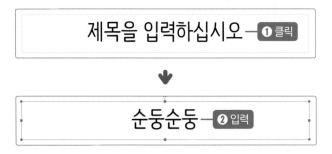

6 ▸ [슬라이드 2]도 같은 방법으로 캐릭터의 표정과 이름을 넣어 완성합니다.

STEP 02 : 그리기마당(한컴 애셋)으로 그림 넣기

1 ▸ **[슬라이드 3]**을 선택하여 [입력] 탭에서 [그림( )]-**그리기마당**을 클릭합니다.

2 ▸ [그리기마당] 대화상자에서 **<클립아트 다운로드>**를 클릭합니다.

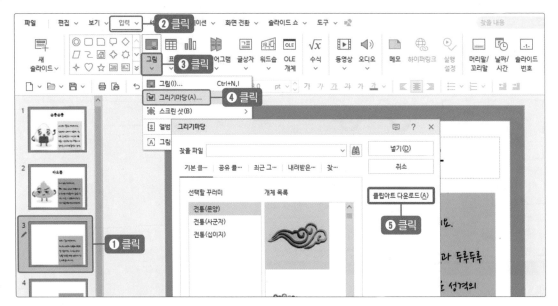

3 ▸ [한컴 애셋] 대화상자에서 검색 입력 칸에 **가방**을 입력한 후 Enter 를 누르세요.

4 ▸ 원하는 가방 이미지를 내려받은 후 닫기 버튼을 누릅니다.

5 ▸ [그리기마당] 대화상자에서 내려받은 가방 이미지를 선택한 후 <넣기>를 클릭하세요.

6 ▸ 슬라이드에 삽입된 가방 이미지의 크기와 위치를 변경합니다.

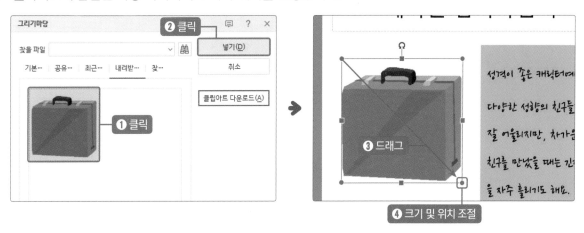

7 ▸ 가방 이미지에 어울리는 **표정과 이름**을 넣어 [슬라이드 3]을 완성합니다.

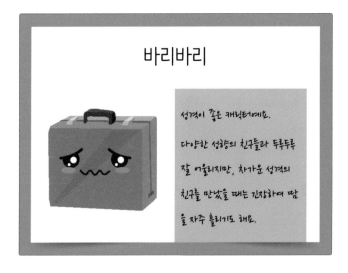

STEP 03 : 웹 사이트에서 그림을 복사하여 붙여넣기

1 구글( )을 실행하여 **마카롱 일러스트**를 검색해요.

2 [이미지] 탭을 클릭하여 검색된 마카롱 그림들을 살펴봅니다.

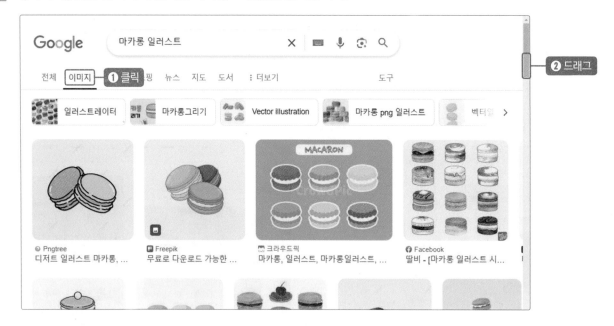

3 원하는 이미지 위에서 마우스 오른쪽 버튼을 눌러 [이미지 복사]를 클릭합니다.

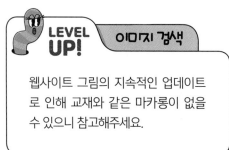

LEVEL UP! 이미지 검색

웹사이트 그림의 지속적인 업데이트로 인해 교재와 같은 마카롱이 없을 수 있으니 참고해주세요.

4 ▸ [슬라이드 4]를 선택하여 Ctrl+V를 눌러 붙여넣은 후 크기와 위치를 변경합니다.

5 ▸ 제목에 캐릭터 **이름(뚱카롱)**을 입력한 후 캐릭터 소개 **내용**을 입력합니다.

6 ▸ 뚱카롱 캐릭터에게 맞는 **표정** 그림을 넣어 완성합니다.

7 ▸ 각 슬라이드에 완성된 캐릭터를 확인한 후 파일을 **저장**합니다.

◀ [1 슬라이드]

[2 슬라이드] ▶

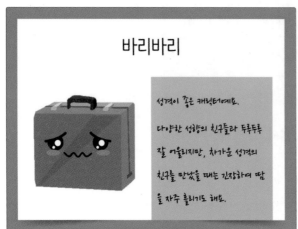

◀ [3 슬라이드]

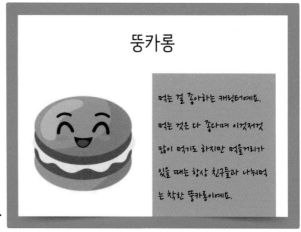

[4 슬라이드] ▶

1 아래 그림을 참고하여 동물 카드를 완성해요.

· 실습파일 : 11차시_연습문제_1.show   · 완성파일 : 11차시_연습문제_1(완성).show

작성 조건
· 한컴 애셋 기능으로 동물 클립아트를 추가
· 동물이름.png 그림을 삽입한 후 그림 자르기

2 아래 그림을 참고하여 놀이기구 안내 슬라이드를 작성해 보세요.

· 실습파일 : 11차시_연습문제_2.show   · 완성파일 : 11차시_연습문제_2(완성).show

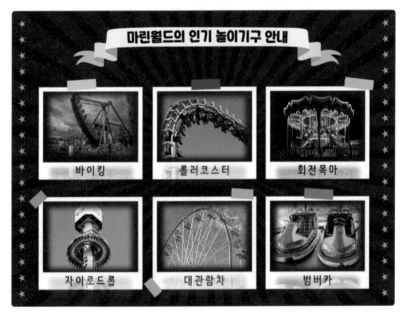

작성 조건
· 놀이기구.png 그림을 삽입한 후 그림 자르기
· 웹사이트에서 롤러코스터와 자이로드롭 그림을 복사한 후 붙여넣기
· 그림에 원하는 스타일 적용하기

12

#그림 #그림 편집 #개체묶기 #그림 정렬

그림 편집으로 러시아 인형 만들기

학습목표

- ✄ 그림의 배경을 제거하고 불필요한 부분을 자를 수 있어요.
- ✄ 그림을 복제하여 크기를 변경하고 색을 변경할 수 있어요.
- ✄ 그림을 정렬하고 배치 순서를 변경할 수 있어요.

원본...   오호~   으흐흐...   ㅠㅠ...

 그림 편집 한쇼 프로그램에서는 다양한 그림 편집 기능을 제공해요. 그래픽 프로그램이 없어도 배경 제거, 선명도 조절, 밝기/대비, 그림 효과, 투명도 등의 작업을 할 수 있어요.

미리보기   실습파일 : 러시아 인형.show   완성파일 : 러시아 인형(완성).show

1 ▸ [12차시] 폴더에서 **러시아 인형.show** 파일을 열고 [입력] 탭에서 **[그림(　)]**을 클릭합니다.

2 ▸ [그림 넣기] 대화상자의 [12차시] 폴더에서 **러시아 인형**을 삽입합니다.

3 ▸ 그림이 삽입되면 [그림(🌷)] 탭에서 [색(　)]-**[투명한 색 설정]**을 클릭합니다.

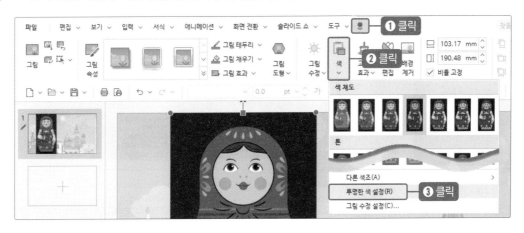

4 ▸ 마우스 포인터가 연필 모양(　)으로 변경되면 러시아 인형에서 검정색으로 된 배경 부분을 클릭하여 배경이 투명한 색으로 설정되었는지 확인합니다.

STEP 02 : 인형 반으로 나누기

1▶ [그림(🌸)] 탭에서 [자르기(✂)]를 클릭한 후 자르기 선(⌐)이 표시되면 인형 크기에 맞추어 드래그한 후 Esc 를 누르세요.

2▶ Ctrl + Shift 를 누른 채 드래그하여 인형을 복제합니다.

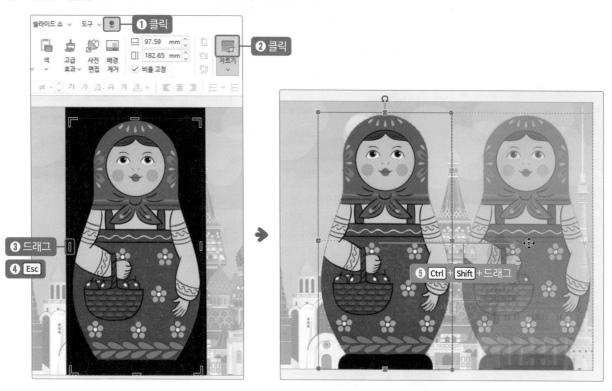

3▶ [그림(🌸)] 탭에서 [자르기(✂)]를 클릭하여 왼쪽 인형은 **얼굴과 상체**, 오른쪽 인형은 **하체 부분**만 보이게 자른 후 두 개의 그림을 합쳐줍니다.

4▶ Shift 를 누른 채 개체를 각각 선택한 후 마우스 오른쪽 버튼을 눌러 [그룹]-[개체묶기]를 클릭합니다.

STEP 03 : 인형을 복제하여 색 변경하기

1▸ 인형의 위치를 왼쪽으로 변경한 후 Ctrl + Shift 를 누른 채 드래그하여 복제합니다. 복제된 인형은 조절점(⊡)
을 드래그하여 크기를 작게 만드세요.

2▸ 같은 방법으로 크기가 점점 작아지도록 인형을 3개 더 복제합니다.

📢 Shift 를 누른 채 조절점을 드래그하면 비율을 유지하면서 그림의 크기를 조절할 수 있어요.

3▸ 두 번째 인형을 선택한 후 [그림(🌷)] 탭에서 [색(▣)]-이중 톤-**어두운 강조색 1**로 변경합니다.

4▸ 같은 방법으로 3~5번째 인형도 자유롭게 색을 바꿔보세요.

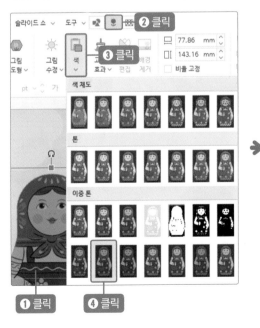

1 ▸ Ctrl + A 를 눌러 모든 인형을 선택한 후 [그림(🌷)]탭에서 맞춤(▥)-**가운데 맞춤**을 클릭합니다.

2 ▸ Esc 를 눌러 선택을 해제한 후 두 번째 인형 위에서 마우스 오른쪽 버튼을 눌러 [**맨 뒤로**]를 클릭합니다. 똑같은 방법으로 3~5번째 그림도 순서대로 맨 뒤로 보내세요.

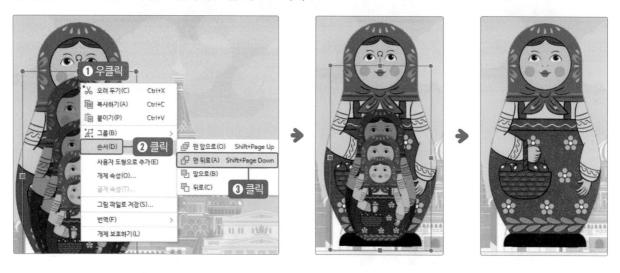

3 ▸ 인형 위에서 마우스 오른쪽 버튼을 눌러 [그룹]-[**개체 풀기**]를 클릭한 후 인형을 하나씩 옮겨보세요.

1 아래 그림과 같이 포스터와 이미지를 합성해 보세요.

· 실습파일 : 12차시_연습문제_1.show   · 완성파일 : 12차시_연습문제_1(완성).show

작성
조건

· 그림 삽입(내얼굴.jpg)
· 그림 자르기
· 그림 색 변경

📢 내가 좋아하는 연예인 사진으로도 작업해 보세요.

2 투명한 색 설정을 이용하여 맛있는 초밥 세트를 만들어 보세요.

· 실습파일 : 12차시_연습문제_2.show   · 완성파일 : 12차시_연습문제_2(완성).show

작성
조건   · 그림 삽입(일식1~일식10.jpg)

13

앨범 만들기로
아기 동물 사진 정리하기

학습목표

✄ 앨범에 들어갈 사진을 선택하고 순서를 변경할 수 있어요.

✄ 앨범에 그림 레이아웃과 프레임 모양을 지정할 수 있어요.

✄ 앨범에 배경 음악을 삽입할 수 있어요.

추억...ㅜㅠ

★ 앨범 | 아름다운 추억이 담긴 사진 앨범은 오래되면 닳거나 잃어버릴 수도 있어요. 한쇼의 앨범 만들기 기능을 이용하면 추억이 담긴 사진을 쉽고 빠르게 디지털 앨범으로 만들 수 있어요.

미리보기

실습파일 : [동물] 폴더 내 이미지 파일   완성파일 : 아기 동물 앨범(완성).show

STEP 01 : 앨범 만들기

1▸ 한쇼 2022 프로그램을 실행한 후 [새 문서]를 클릭합니다.

2▸ 빈 파일이 열리면 [입력] 탭의 [그림(▨)]-**앨범 만들기**를 선택한 후 ⊞(그림 추가하기)를 클릭합니다.

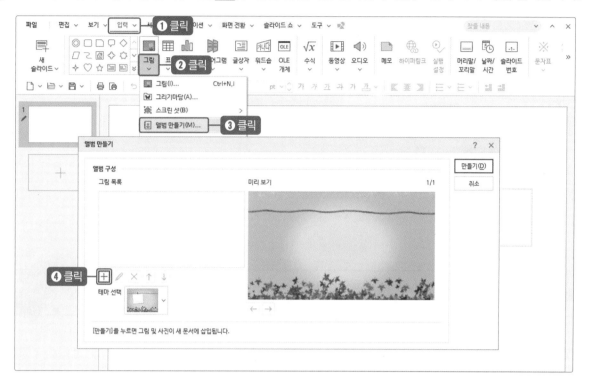

3▸ [그림 넣기] 대화상자에서 [13차시]-[동물] 폴더를 선택한 후 Ctrl+A를 누르세요. 모든 그림이 선택되면 <열기>를 클릭합니다.

4 ▸ [앨범 만들기] 대화상자에서 원하는 디자인의 **테마**를 선택한 후 **<만들기>**를 클릭합니다.

 ↑ ↓ 를 이용하면 앨범이 만들어지는 그림의 순서를 변경할 수 있어요.

STEP 02 : 한컴 애셋으로 앨범 꾸미기

1 ▸ 앨범이 만들어지면 [도구] 탭의 **[한컴 애셋( )]**을 클릭합니다.

2 ▸ [클립아트] 탭에서 검색 입력 창에 앨범을 꾸미기 위해 필요한 그림들을 검색하여 **(내려받기)**를 클릭하세요.

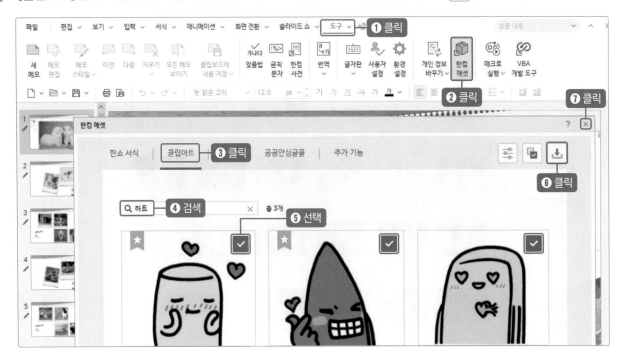

3 ▸ [입력] 탭의 [그림(▨)]-**그리기마당**을 클릭합니다.

4 ▸ [그리기마당] 대화상자의 **[내려받은 클립아트]**에서 원하는 그림을 선택하여 슬라이드에 배치합니다.

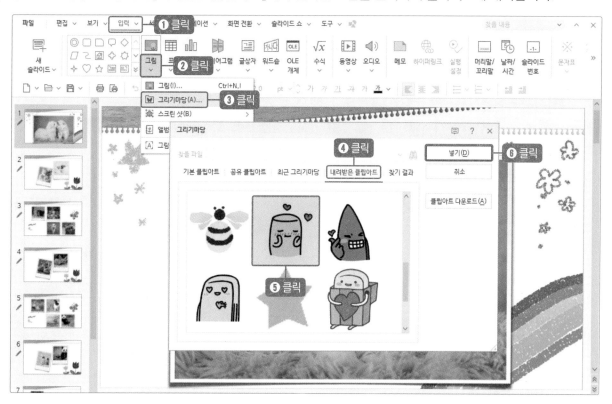

5 ▸ 다양한 클립아트를 활용해 앨범을 꾸며줍니다.

STEP 03 : 배경 음악 넣기

1 ▸ [1 슬라이드]를 선택한 후 [입력] 탭에서 **[오디오(◀))]**를 클릭합니다.

2 ▸ [오디오 넣기] 대화상자의 [13차시]–[동물] 폴더에서 **동물 배경음악**을 선택합니다.

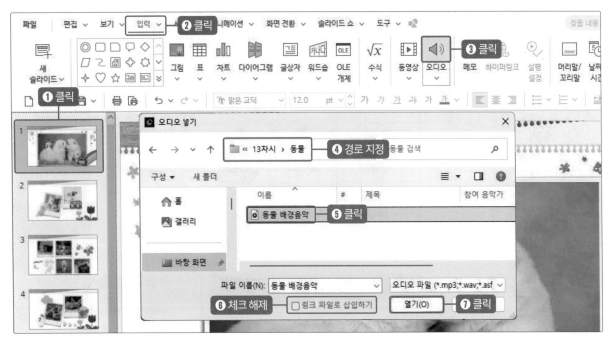

📢: '링크 파일로 삽입하기'의 체크를 해제하지 않으면 동물 배경음악 파일이 없는 pc에서는 음악이 재생되지 않으니 유의합니다.

3 ▸ 오디오 아이콘을 드래그하여 위치를 변경한 후 [오디오(◀))] 탭에서 **시작(자동 실행)**과 **모든 슬라이드에서 재생**을 지정합니다.

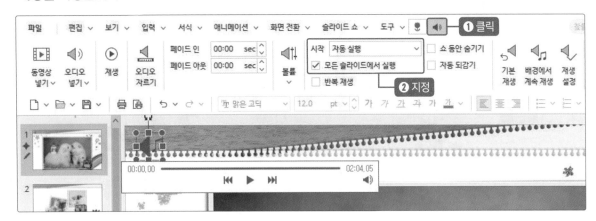

4 ▸ 모든 작업이 끝나면 [슬라이드 쇼] 탭에서 **[처음부터(▣)]**를 클릭하거나 F5 를 눌러 앨범을 확인해 보세요.

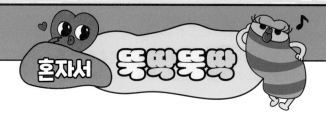

1 앨범 만들기 기능을 이용하여 인공지능 명화 앨범을 만들어보세요.

· 실습파일 : [AI명화] 폴더 내 이미지 파일　· 완성파일 : 13차시_연습문제_1(완성).show

작성 조건
· 앨범 이미지([AI명화] 폴더)
· 배경음악 삽입(자동 실행, 모든 슬라이드 재생)

2 앨범 만들기 기능을 이용하여 여름휴가 가족 앨범을 만들어보세요.

· 실습파일 : [가족여행] 폴더 내 이미지 파일　· 완성파일 : 13차시_연습문제_2(완성).show

작성 조건
· 앨범 이미지([가족여행] 폴더)
· 배경음악 삽입(자동 실행, 모든 슬라이드 재생)
· 한컴 애셋의 클립아트 추가

14 하이퍼링크로 만드는 동화

#하이퍼링크 #실행 단추

학습목표

- 실행 단추를 이용하여 슬라이드를 이동할 수 있어요.
- 도형에 하이퍼링크를 삽입할 수 있어요.
- 그림의 배치 순서를 변경할 수 있어요.

✡ 하이퍼링크 하이퍼링크는 클릭 한 번만으로 순간 이동을 할 수 있는 기능이에요. 문서의 특정한 위치에서 다른 슬라이드나 웹 페이지 등을 연결하면 빠르게 이동할 수 있어요.

 미리보기   실습파일 : 아기 돼지 삼형제.show   완성파일 : 아기 돼지 삼형제(완성).show

86

STEP 01 : 실행 단추 삽입 후 하이퍼링크 지정하기

1 ▸ [14차시] 폴더에서 **아기돼지 삼형제.show** 파일을 열고 [1 슬라이드]를 선택합니다.

2 ▸ [입력] 탭에서 [도형]- ⌄ -[실행 단추-**실행 단추: 홈(⌂)**]을 클릭합니다.

3 ▸ Alt 를 누른 채 네비게이션 크기에 맞추어 드래그합니다. [실행 설정] 대화상자에서 **하이퍼링크(처음 슬라이드)**를 확인한 후 <넣기>를 클릭합니다.

4 ▸ [도형( )] 탭의 [도형 스타일] 그룹에서 ⌄ 를 눌러 원하는 스타일을 지정해요.

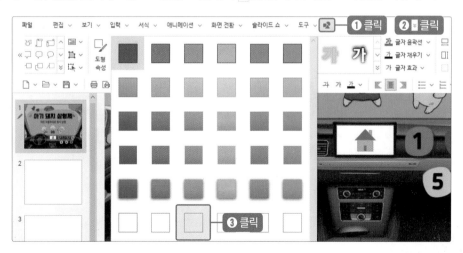

STEP 02 : 버튼에 하이퍼링크 삽입하기

1 ‣ **버튼 1** 위에서 마우스 오른쪽 버튼을 눌러 **[하이퍼링크]**를 선택합니다.

2 ‣ [하이퍼링크] 대화상자에서 [현재 문서]-**2. 슬라이드 2**를 선택한 후 <넣기>를 클릭합니다.

 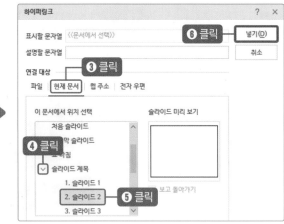

3 ‣ 나머지 버튼에도 같은 방법으로 하이퍼링크를 지정해 보세요.
   - 버튼 2 : [현재 문서]-3. 슬라이드 3
   - 버튼 3 : [현재 문서]-4. 슬라이드 4
   - 버튼 4 : [현재 문서]-5. 슬라이드 5
   - 버튼 5 : [현재 문서]-6. 슬라이드 6
   - 버튼 6 : [현재 문서]-7. 슬라이드 7
   - 버튼 7 : [현재 문서]-8. 슬라이드 8

STEP 03 : 개체 복사하여 붙여넣기

1 ‣ Ctrl+A를 눌러 모든 개체를 선택한 후 Ctrl+C를 눌러 복사합니다.

2 ▸ [슬라이드 2]를 선택한 후 Ctrl + V 를 눌러 복사한 개체를 붙여넣어줍니다.

3 ▸ [3~8 슬라이드]에도 같은 방법으로 개체를 붙여넣기 합니다.

STEP 04 : 동화 장면 이미지 삽입하기

1 ▸ [2 슬라이드]를 선택한 후 [입력] 탭에서 [그림()]을 클릭합니다. 이어서, [그림 넣기] 대화상자의 [14차 시] 폴더에서 **장면1**을 삽입합니다.

2 ▸ 그림이 삽입되면 마우스 오른쪽 버튼을 눌러 [순서]-**[맨 뒤로]**를 클릭합니다.

3 ▸ [3~8 슬라이드]에도 똑같은 방법으로 **장면2~장면7** 이미지를 순차적으로 삽입해 보세요.

4 ▸ 모든 작업이 끝나면 [슬라이드 쇼] 탭에서 **[처음부터(🖥️▶)]**를 클릭해 슬라이드 쇼를 실행합니다.

5 ▸ 슬라이드 쇼가 진행되면 각각의 버튼을 눌러서 해당 슬라이드로 이동하는지 확인해 보세요.

📢 F5를 눌러 슬라이드 쇼를 실행하는 방법도 있어요.

1 하이퍼링크 기능을 이용하여 월별 별자리를 연결해 보세요.

· 실습파일 : 14차시_연습문제_1.show　　· 완성파일 : 14차시_연습문제_1(완성).show

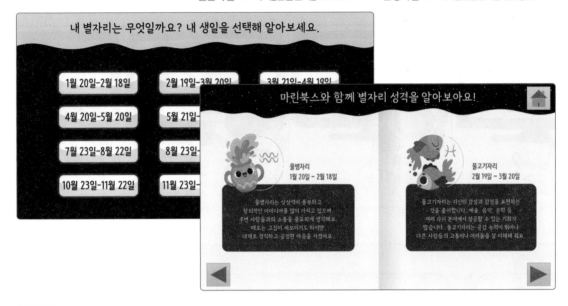

작성조건
· [1 슬라이드] 생일 버튼 날짜에 맞추어 슬라이드를 연결
· [2~7 슬라이드]에 실행 단추 추가(🏠, ◁, ▷)

2 하이퍼링크 기능을 이용하여 행성별로 웹 페이지를 연결해 보세요.

· 실습파일 : 14차시_연습문제_2.show　　· 완성파일 : 14차시_연습문제_2(완성).show

작성조건
· [2 슬라이드] 태양계 행성을 복사하여 [1 슬라이드]에 붙여넣기
· 수성 : https://ko.wikipedia.org/wiki/수성
· 금성~해왕성 : https://ko.wikipedia.org/wiki/를 복사하여 붙여넣은 후 행성 이름 수정

주소(E):	https://ko.wikipedia.org/wiki/수성	주소(E):	https://ko.wikipedia.org/wiki/금성

15 실행 기능으로 동물 소리 찾기

 학습목표

☆ 슬라이드의 레이아웃을 변경하고 배경을 그림으로 채울 수 있어요.

☆ 동물 그림을 클릭하면 소리가 나게 할 수 있어요.

☆ 도형이 보이지 않도록 서식을 지정할 수 있어요.

☆ 실행 실행은 개체를 클릭했을 때 하이퍼링크 또는 특정 소리를 재생 할 수 있어요. 실행 기능을 잘 활용하면 게임처럼 재미있는 작품을 만들 수도 있어요.

미리보기   실습파일 : 음악 파일.show   완성파일 : 동물 소리 찾기(완성).show

MARINE ZOO

진짜 동물 소리를 찾아라 !

STEP 01 : 레이아웃 변경 및 배경 그림 채우기

1 한쇼 2022 프로그램을 실행한 후 **[새 문서]**를 클릭합니다.

2 빈 파일이 열리면 축소판 그림 창에서 마우스 오른쪽 버튼을 눌러 [레이아웃]-**빈 화면**을 클릭합니다.

3 슬라이드 위에서 마우스 오른쪽 버튼을 눌러 **[배경 속성]**을 클릭합니다.

4 화면 오른쪽 [배경 속성] 창에서 **[질감/그림]-그림**을 선택한 후 [그림 넣기] 대화상자의 [15차시] 폴더에서 **동물 소리 배경**을 불러옵니다.

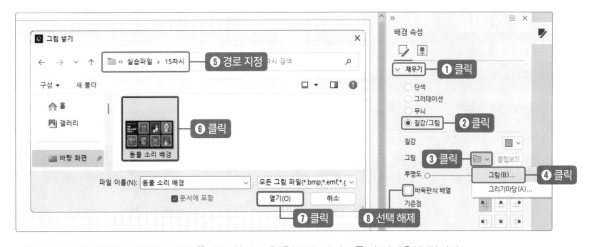

📢 반드시 '바둑판식 배열'에 체크를 해제해야 그림 전체가 보이도록 배경이 적용됩니다.

1 ▸ [입력] 탭에서 [도형]-☰-[사각형-**모서리가 둥근 직사각형(☐)**]을 클릭합니다.

2 ▸ 커서 모양(╋)이 변경되면 대각선 방향으로 드래그하여 올빼미 그림 크기에 맞춰 도형을 그려주세요.

3 ▸ [입력] 탭에서 [**실행 설정(⊙✓)**]을 클릭하여 [실행 설정] 대화상자에서 **소리 재생**에 **체크(v)** 후 목록 단추를 클릭합니다.

4 ▸ 목록이 표시되면 **[다른 소리]**를 선택합니다. [소리 넣기] 대화상자의 [15차시] 폴더에서 **양**을 선택한 후
<넣기>을 클릭합니다.

5 ▸ Ctrl + Shift 를 누른 채 오른쪽과 아래쪽으로 드래그하여 모든 그림 위로 도형을 복사합니다.

6 ▸ 복제된 도형을 선택한 후 [입력] 탭에서 **[실행 설정( )]**을 클릭하여 소리 재생의 오디오 파일을 아래와 같이
각각 변경해 보세요.

❶ : 사자, **❷** : 돼지, **❸** : 올빼미, **❹** : 늑대, **❺** : 코끼리, **❻** : 소

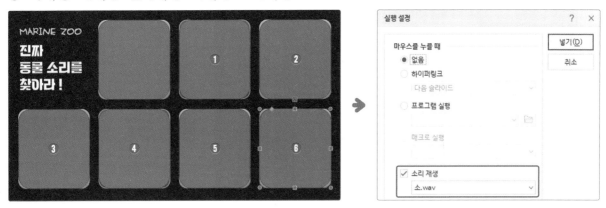

STEP 03 : 모양 복사 기능으로 도형 서식 바꾸기

1 ▸ 첫 번째 도형 위에서 마우스 오른쪽 버튼을 눌러 **[개체 속성]**을 클릭합니다. 오른쪽 [개체 속성] 창에서 **투명도 (100%)와 선 없음**을 지정합니다.

2 ▸ 첫 번째 도형이 선택된 상태에서 [편집] 탭의 [모양 복사(📝)]−[연속 모양 복사]를 클릭합니다. 마우스 포인터 모양(🖌)이 변경되면 오른쪽 도형을 클릭하여 서식을 적용시키세요.

3 ▸ 나머지 도형들도 클릭하여 서식을 적용시켜줍니다. F5를 눌러 슬라이드 쇼가 실행되면 그림을 클릭하여 동물 과 일치하는 소리를 찾아보세요.

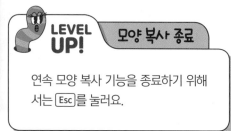

LEVEL UP! 모양 복사 종료

연속 모양 복사 기능을 종료하기 위해 서는 Esc를 눌러요.

96

1 도형을 삽입한 후 실행 기능을 이용하여 두 번째 슬라이드로 이동시켜 보세요.

· 실습파일 : 15차시_연습문제_1.show   · 완성파일 : 15차시_연습문제_1(완성).show

> **작성
> 조건**
> · ▶ 위에 타원 도형 삽입(투명도 100, 선 없음)
> · [1 슬라이드] 도형 실행 설정(마우스를 누를 때, 하이퍼링크-다음 슬라이드)

2 실행 기능을 이용하여 피아노를 완성해 보세요.

· 실습파일 : 15차시_연습문제_2.show   · 완성파일 : 15차시_연습문제_2(완성).show

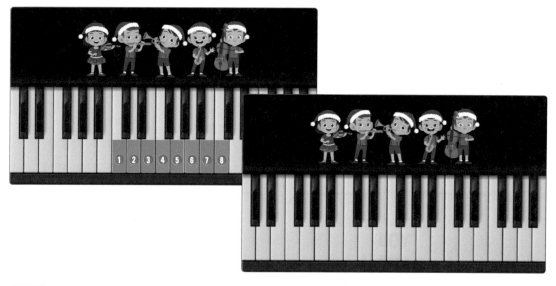

> **작성
> 조건**
> · 소리 재생은 왼쪽 도형부터 차례대로 ❶ 도, ❷ 레, ❸ 미, ❹ 파, ❺ 솔, ❻ 라, ❼ 시, ❽ 도 추가

16

액티비티

퀴즈 게임

✤ 한쇼를 이용하여 재미있는 퀴즈 게임을 만들 수 있다는 사실 알고 있나요? 다른 사람에게 자랑하고 싶은 퀴즈와 정답을 슬라이드에 적어보고, 해당 퀴즈의 정답을 맞혔을 때 다음 문제로 넘어가도록 슬라이드를 완성해 보세요.

미리보기

실습파일 : 퀴즈 게임.show   완성파일 : 퀴즈 게임(완성).show

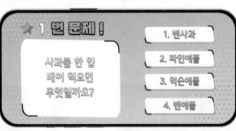

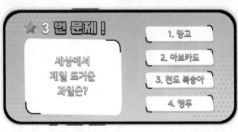

1▸ [16차시] 폴더에서 **퀴즈 게임.show** 파일을 열고 각 슬라이드의 버튼 혹은 텍스트에 하이퍼링크를 설정해요.
하이퍼링크는 [입력] 탭에서 [하이퍼링크] 메뉴를 통해 지정할 수 있어요.

[슬라이드 1] 메인 화면

· "개발자" 버튼 → 슬라이드 2
· "게임시작" 버튼 → 슬라이드 3

[슬라이드 2] 개발자 소개 화면

· "처음으로" 버튼 → 슬라이드 1
· "게임시작" 버튼 → 슬라이드 3

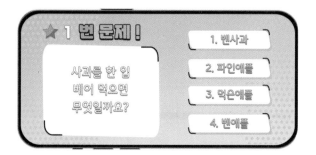

[슬라이드 3] 문제 시작 화면

· "1. 벤사과" 텍스트 → 마지막 슬라이드
· "2. 파인애플" 텍스트 → 다음 슬라이드
· "3. 먹은애플" 텍스트 → 마지막 슬라이드
· "4. 벤애플" 텍스트 → 마지막 슬라이드

[슬라이드 4] 마지막 문제를 맞춘 화면

[슬라이드 5] 게임 실패 화면

· "그만하기" 버튼 → 쇼 마침
· "다시하기" 텍스트 → 슬라이드 1

STEP 02 ⋮ 퀴즈 문제를 추가한 다음 게임 즐기기

1 ▸ **[3 슬라이드]**를 마우스 오른쪽 버튼으로 눌러 **[선택한 슬라이드 복제]**를 클릭합니다.

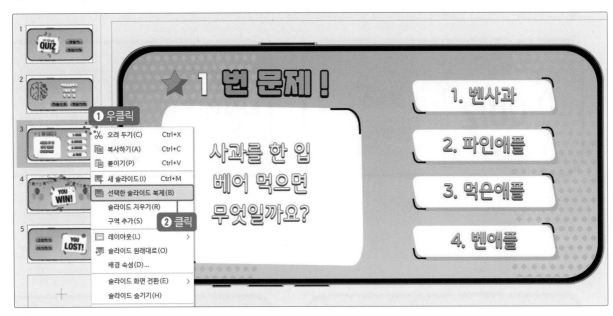

2 ▸ **[슬라이드 4]**를 원하는 내용으로 수정합니다.

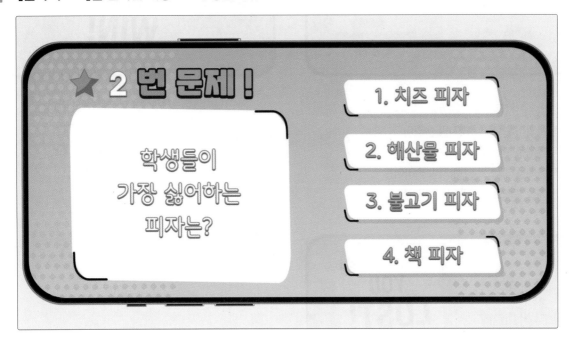

3 ▸ 아래 내용을 참고하여 4개의 문항에 하이퍼링크를 다시 지정해요. 내용이 입력된 글상자의 테두리 위에서 마우스 오른쪽 버튼을 눌러 **[하이퍼링크 편집]**을 선택하여 수정할 수 있어요

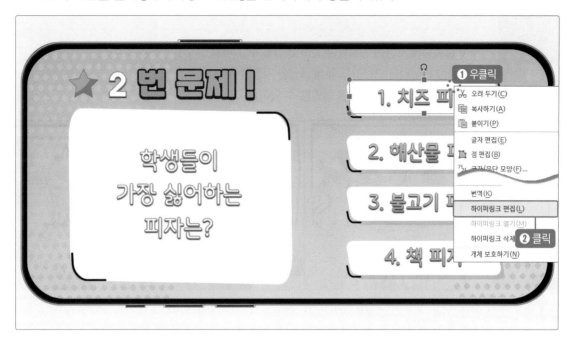

- "1. 치즈피자" 텍스트 → 마지막 슬라이드
- "3. 불고기 피자" 텍스트 → 마지막 슬라이드
- "2. 해산물 피자" 텍스트 → 마지막 슬라이드
- "4. 책 피자" 텍스트 → 다음 슬라이드

📢 정답 텍스트는 '다음 슬라이드'로, 오답 텍스트는 '마지막 슬라이드'로 연결해요.

4 ▸ 동일한 방법으로 퀴즈를 더 추가해 봅니다.

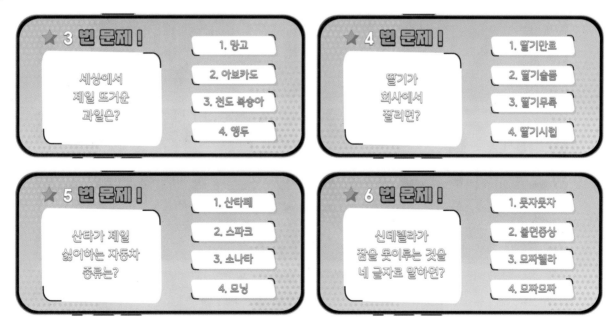

5 ▸ [슬라이드 쇼]–**[처음부터]** 또는 F5를 눌러 퀴즈 게임을 즐겨보세요.

17

동영상 삽입으로 롯데월드 즐기기

학습목표

✄ 내 컴퓨터에 저장된 동영상 파일을 삽입할 수 있어요.
✄ 동영상 스타일을 변경하고 재생 옵션을 지정할 수 있어요.
✄ 유튜브와 같은 웹 동영상을 삽입할 수 있어요.

✄ **동영상 삽입** 한쇼로 만든 발표 자료에 글자와 그림만 있다면 보는 사람들이 지루할 수 있겠죠? 문서 중간 중간에 동영상이 들어가면 더 재미 있는 발표 시간이 될 거예요.

미리보기

실습파일 : 롯데월드.show, 동영상 파일　완성파일 : 롯데월드(완성).show

롯데월드 어드벤처 즐기기

회전목마 : 탑승인원 64명

후렌치레볼루션 : 탑승인원 28명

스페인해적선 : 탑승인원 56명

자이로드롭 : 탑승인원 40명

월드모노레일 : 탑승인원 18명

STEP 01 : 내 컴퓨터 저장된 동영상 파일 넣기

1 ▸ [17차시] 폴더에서 **롯데월드.show** 파일을 열고 **[2 슬라이드]**를 선택합니다.

2 ▸ [입력] 탭에서 **[동영상( )]**을 클릭한 후 [17차시] 폴더에서 **회전목마**를 삽입합니다.

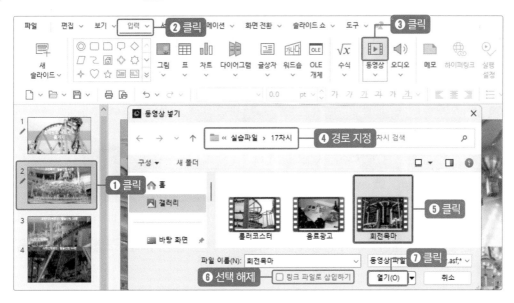

🔊 '링크 파일로 삽입하기'의 체크를 해제하지 않으면 해당 동영상 파일이 없는 pc에서는 동영상이 재생되지 않으니 유의합니다.

3 ▸ 동영상이 삽입되면 [그림( )] 탭에서 ⌄를 눌러 **부드러운 곡선형 반사( )**를 선택합니다.

4 ▸ 동영상의 크기와 위치를 조절합니다.

크기 및 위치 조절

5 ▸ [미디어(▶)] 탭에서 [시작]을 **자동 실행**으로 변경합니다.

6 ▸ 똑같은 방법으로 [3 슬라이드]에 **롤러코스터** 동영상을 추가한 후 [그림(🌷)]-**[그림 도형(⬡)]**에서 원하는 모양의 도형을 클릭합니다.

📢: 동영상 삽입 시, '링크 파일로 삽입하기' 항목에 체크를 해제합니다.

7 ▸ 모양이 적용되면 크기와 위치를 조절한 후 [미디어(▶)] 탭에서 [시작]을 **자동 실행**으로 변경합니다.

STEP 02 : 웹 동영상 넣기

1 ▶ 구글 크롬(◎)을 실행하여 유튜브(www.youtube.com)에 접속한 후 **롯데월드 스페인해적선**을 검색합니다.

2 ▶ 원하는 영상을 선택하여 **공유**를 클릭한 후 [공유] 대화상자에서 **<복사>**를 클릭합니다.

3 ▶ 한쇼에서 **[4 슬라이드]**를 선택한 후 [입력] 탭에서 [동영상(▶)]-**웹 동영상**을 클릭합니다. 동영상 태그 입력 칸을 선택하여 Ctrl+V를 누른 후 **<넣기>**를 클릭합니다.

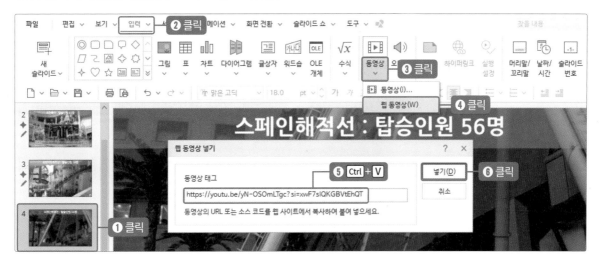

4 ▸ 웹 동영상이 삽입되면 크기와 위치를 변경한 후 [그림(🌷)] 탭에서 ⌄를 눌러 원하는 효과를 선택해보세요.

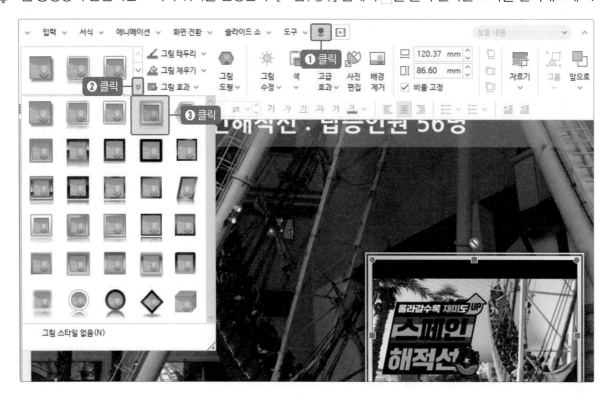

5 ▸ [미디어(▶)] 탭에서 [시작]을 **자동 실행**으로 변경합니다.

6 ▸ 똑같은 방법으로 [5 슬라이드]에는 **자이로드롭**, [6 슬라이드]에는 **월드모노레일** 웹 동영상을 추가합니다.

7 ▸ 모든 작업이 끝나면 [슬라이드 쇼] 탭에서 **[처음부터(▶)]**를 클릭하거나 F5 를 눌러 삽입된 동영상을 확인해 보세요.

1 슬라이드에 동영상을 추가한 후 원하는 스타일을 적용시켜 보세요.

· 실습파일 : 17차시_연습문제_1.show, 동영상 파일 · **완성파일** : 17차시_연습문제_1(완성).show

작성
조건
· 동영상 삽입-(음료광고.mp4) · 시작 옵션 변경(자동 실행)

2 슬라이드에 동영상을 추가한 후 그림 도형을 적용시켜 보세요.

· 실습파일 : 17차시_연습문제_2.show, 동영상 파일 · **완성파일** : 17차시_연습문제_2(완성).show

작성
조건
· 웹 동영상(유튜브 검색 : 대한민국의 아름다운 영토 독도) · 시작 옵션 변경(자동 실행)

18

오디오 삽입으로 만드는 뮤직비디오

☆ 슬라이드를 원하는 위치로 복제할 수 있어요.

☆ 오디오를 삽입하여 옵션을 설정할 수 있어요.

☆ 오디오를 편집할 수 있어요.

☆ **오디오 삽입** 만약 뮤직비디오에 음악이 없고 가사만 나온다면 엄청 답답하겠죠? 한쇼로 만든 문서에 음악이나 음성과 같은 오디오가 삽입되면 지루하지 않고 생동감 넘치는 발표 자료를 만들 수 있어요.

 미리보기

실습파일 : 동그란 바퀴.show   완성파일 : 동그란 바퀴(완성).show

붕붕붕~ 자동차에 네 개 달려 있지요.

따르릉~ 자전거엔 두 개 있어요.

1 ▸ [18차시] 폴더에서 **동그란 바퀴.show** 파일을 열어서 [2~5 슬라이드]에 아래와 같이 가사를 입력합니다.

동그랗게 생긴 바퀴 어디 있나요?

▲ [2 슬라이드]

붕붕붕~ 자동차에 네 개 달려 있지요.

▲ [3 슬라이드]

따르릉~ 자전거엔 두 개 있어요.

▲ [4 슬라이드]

칙칙폭폭~ 기차엔 우~와 많네.

▲ [5 슬라이드]

2 ▸ 여러 슬라이드를 복제하기 위해 [보기] 탭에서 **여러 슬라이드(🏢)**를 클릭합니다.

3 ▸ Ctrl+A 를 눌러 모든 슬라이드를 선택한 후 Ctrl+C 를 누르세요.

4 ▸ Ctrl+V를 눌러 복사한 슬라이드를 붙여넣은 후 옵션 단추(📋 (Ctrl) ∨)를 클릭하여 **원본 서식 유지**(📝)를 선택합니다.

5 ▸ [6 슬라이드]를 선택한 후 화면 보기 버튼에서 **기본 보기**(🖥)를 클릭합니다.

6 ▸ [6 슬라이드]가 선택된 상태에서 내용을 **(간주중)**으로 수정하고 Esc 를 누르세요. 그다음 [서식 도구 모음]에서 원하는 글꼴로 바꿔봅니다.

1 ▸ [1 슬라이드]를 클릭한 후 [입력] 탭에서 [오디오(🔊)]를 클릭합니다.

2 ▸ [오디오 넣기] 대화상자의 [18차시] 폴더에서 **동그란 바퀴**를 찾아 선택합니다.

3 ▸ 오디오가 삽입되면 [오디오(🔊)] 탭에서 [시작]-**자동 실행**과 **모든 슬라이드에서 실행**을 지정합니다.

4 ▸ 오디오 아이콘의 위치를 변경한 후 [슬라이드 쇼] 탭에서 [처음부터(🔲)]를 클릭하거나 F5를 눌러 슬라이드 쇼를 실행합니다.

5▸ 슬라이드 쇼가 실행되면 노랫말에 맞추어 화면을 클릭해 슬라이드를 넘겨보세요.

❶ 오디오 파일에서 **시작 지점**과 **종료 지점**을 지정하여 원하는 부분만 들을 수 있는 기능이에요.

❷ [1 슬라이드]의 오디오 아이콘을 클릭한 후 [오디오] 탭에서 **[오디오 자르기(🔊)]**를 클릭해요.

❸ [오디오 자르기] 대화상자에서 종료 시간을 **00:25초**로 지정한 후 <확인>을 클릭합니다.

❹ 오디오 아이콘 아래쪽의 재생 버튼을 눌러 25초까지만 오디오가 재생되는지 확인해 보세요.

혼자서 뚝딱뚝딱

1 노래 가사와 오디오를 삽입하여 재미있는 동요를 만들어 보세요.

· 실습파일 : 18차시_연습문제_1.show, 오디오 파일   · 완성파일 : 18차시_연습문제_1(완성).show

나무야 봄이 오면 파릇파릇 속옷 입고

나무야 여름 되면 초록초록 겉옷 입네

가을 되면 울긋불긋 멋쟁이 옷을 입고

나무야 겨울 되면 벌거 벗고 춥겠구나

· [2 슬라이드] :
  나무야 봄이 오면 파릇파릇 속옷 입고

· [3 슬라이드] :
  나무야 여름 되면 초록초록 겉옷 입네

· [4 슬라이드] :
  가을 되면 울긋불긋 멋쟁이 옷을 입고

· [5 슬라이드] :
  나무야 겨울 되면 벌거벗고 춥겠구나

작성 조건
· 오디오 삽입(나무야)   · 재생 옵션 변경(자동 실행)   · 모든 슬라이드에서 실행
· 오디오 자르기(종료 지점 : 33초)

2 오디오를 삽입하여 전통악기를 연주해 보세요.

· 실습파일 : 18차시_연습문제_2.show, 오디오 파일   · 완성파일 : 18차시_연습문제_2(완성).show

작성 조건
· 오디오 삽입(0_숨바꼭질)   · 재생 옵션 변경(자동 실행)
· 악기 별 오디오 삽입 : 1_꽹과리~6_태평소 순서대로 추가   · 재생 옵션 변경(마우스로 눌러 실행)

#화면 전환 #효과 옵션

화면 전환으로 미술작품 관람하기

✄ 슬라이드에 다양한 화면 전환 효과를 지정할 수 있어요.

✄ 화면 전환 효과의 옵션을 변경할 수 있어요.

✄ 화면이 전환될 때 효과음을 추가할 수 있어요.

✄ 화면 전환 슬라이드가 바뀔 때마다 여러 가지 효과를 지정하여 발표 내용을 시각적으로 전달할 수 있어요. 다양한 전환 효과 중에서 원하는 효과를 선택한 후 소리 추가, 전환 속도 등을 지정할 수 있어요.

 미리보기

실습파일 : 미술관.show   완성파일 : 미술관(완성).show

STEP 01 : [1 슬라이드] 화면 전환하기

1 ▸ [19차시] 폴더에서 **미술관.show** 파일을 열고 **[1 슬라이드]**를 선택합니다.

2 ▸ [화면 전환] 탭에서 ⬇를 눌러 [3D효과-**비틀기**]를 선택합니다.

3 ▸ [화면 전환] 탭에서 [효과 설정]-**아래로**를 클릭합니다.

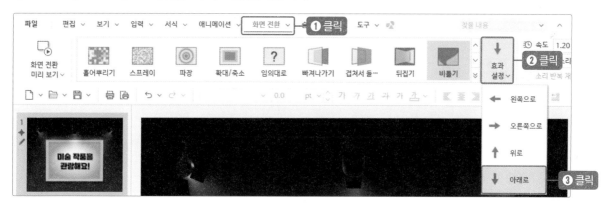

4 ▸ [화면 전환] 탭에서 속도와 소리를 변경합니다.

1 [2 슬라이드]를 선택한 후 [화면 전환] 탭에서 ✓를 눌러 [3D효과-**갤러리(▣)**]를 선택합니다.

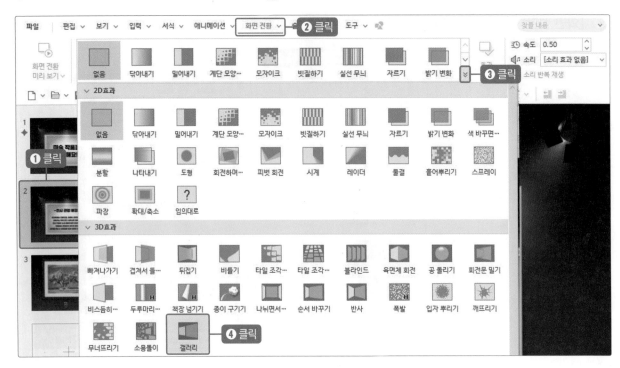

2 [화면 전환] 탭에서 소리를 변경합니다.

3 [3 슬라이드]에도 **화면 전환(갤러리)**과 **소리(책장 넘기기)**를 똑같이 적용해 보세요.

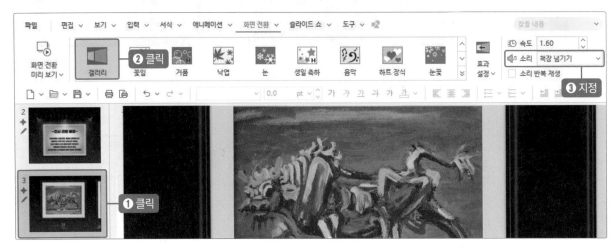

STEP 03 : 슬라이드를 복제하여 화면 전환하기

1▸ 축소판 그림 창 [3 슬라이드] 위에서 마우스 오른쪽 버튼을 눌러 [선택한 슬라이드 복제]를 클릭합니다.

2▸ 슬라이드가 복제되면 슬라이드를 축소합니다.

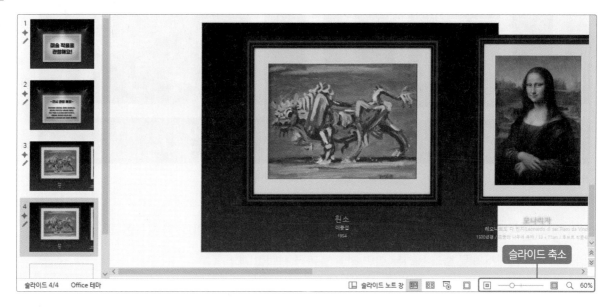

3▸ Shift 를 누른 채 **모나리자** 그림을 왼쪽으로 드래그하여 검은색 배경 가운데에 오도록 위치를 변경합니다.

4 ▸ 똑같은 방법으로 마지막 슬라이드를 복제하여 그림의 위치를 변경하는 작업을 반복합니다.

▲ [4 슬라이드]　　　　　　　　　　　　　▲ [5 슬라이드]

▲ [6 슬라이드]　　　　　　　　　　　　　▲ [7 슬라이드]

5 ▸ 축소판 그림 창에서 [4 슬라이드]를 선택한 후 Shift 를 누른 채 [7 슬라이드]를 클릭합니다.

6 ▸ [화면 전환] 탭에서 ☒를 눌러 원하는 화면 전환 효과를 선택합니다.

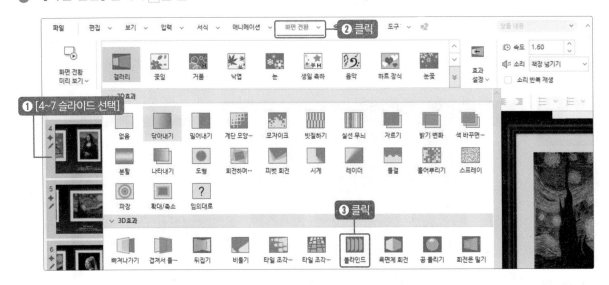

7 ▸ 모든 작업이 끝나면 [슬라이드 쇼] 탭에서 [처음부터(🖳)]를 클릭하거나 F5 를 눌러 슬라이드 쇼를 실행해 보세요.

1 [동물] 폴더에서 그림을 삽입한 후 화면 전환 효과를 적용해 보세요.

· 실습파일 : 19차시_연습문제_1.show　　· **완성파일** : 19차시_연습문제_1(완성).show

📢 원하는 동물 이미지를 삽입한 후 자르기 기능을 이용해 이미지의 비율을 편집할 수 있어요.

2 작성 조건을 참고하여 슬라이드마다 화면 전환 및 효과 설정을 지정해 보세요.

· 실습파일 : 19차시_연습문제_2.show　　· **완성파일** : 19차시_연습문제_2(완성).show

작성 조건

슬라이드	전환 효과	효과 설정
2 슬라이드	커튼	가운데로 (빨강)
3 슬라이드	책장 넘기기	왼쪽으로
4 슬라이드	실선 무늬	가로
5 슬라이드	분할	수평 분할, 밖으로
6 슬라이드	꽃잎	–
7 슬라이드	깨뜨리기	–
8 슬라이드	종이 구기기	–
9 슬라이드	눈꽃	–
10 슬라이드	모자이크	가로
11 슬라이드	파장	가운데부터
12 슬라이드	색 바꾸면서 나타내기	색상 하양

20

학습목표

#애니메이션 #애니메이션 옵션 변경

애니메이션으로 초성 퀴즈 만들기

※ 개체에 원하는 애니메이션을 지정할 수 있어요.

※ 애니메이션의 시작 방법과 재생 및 지연 시간을 설정할 수 있어요.

※ 애니메이션이 포함된 슬라이드를 복제할 수 있어요.

숙제를 집에 두고...

애니메이션 애니메이션은 개체가 살아 있는 것처럼 움직이게 하는 효과예요. 개체에 어울리는 애니메이션 효과를 선택한 후 시작 방법이나 재생 시간 등을 설정하면 멋진 발표 자료를 만들 수 있어요.

 미리보기

실습파일 : 초성퀴즈.show   완성파일 : 초성퀴즈(완성).show

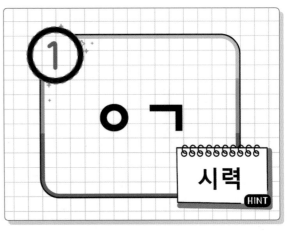

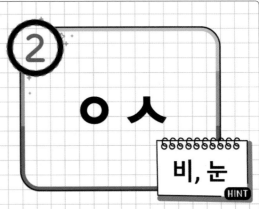

120

STEP 01 : 원형 도형 만들기

1 ▸ [20차시] 폴더에서 **초성퀴즈.show** 파일을 열고 [2 슬라이드]를 선택합니다.

2 ▸ [입력] 탭에서 [도형]- ❮ -[기본 도형-**도넛(◎)**]을 삽입합니다.

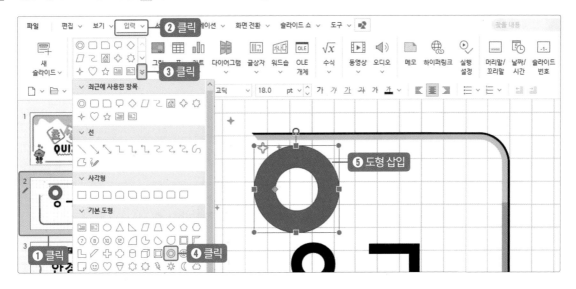

3 ▸ 도형(🖼) 탭에서 [도형 채우기]와 [도형 윤곽선]을 원하는 색으로 지정합니다.

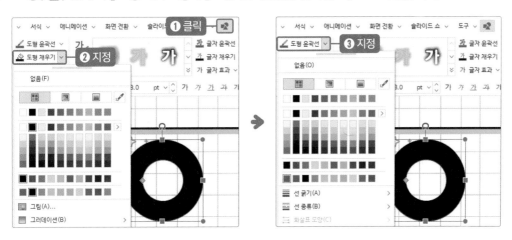

4 ▸ [도형 윤곽선]에서 [선 굵기]- 3pt ▬ 와 [선 종류]- ┄┄┄ 를 각각 지정합니다.

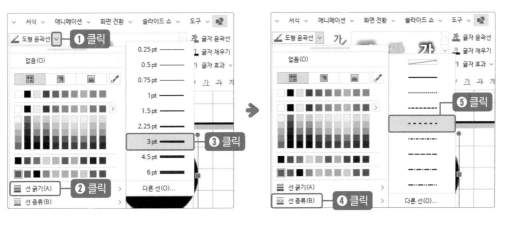

5 ▸ 노란색 조절점()을 왼쪽으로 드래그하여 도형의 두께를 변형한 후 문제 번호 위치로 이동시키세요.

6 ▸ 도형을 클릭하여 문제 번호 입력 후 **[서식 도구 모음]**에서 **글자 서식**을 변경합니다.

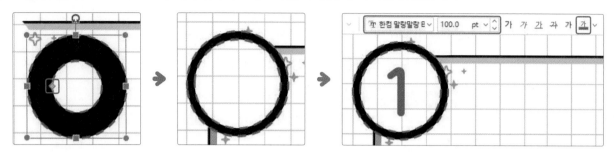

STEP 02 ⋮ **도형과 그림에 애니메이션 지정하기**

1 ▸ 도형이 선택된 상태에서 [애니메이션] 탭에서 ⌄를 눌러 [나타내기]-**시계 방향 회전(✦)**을 클릭합니다.

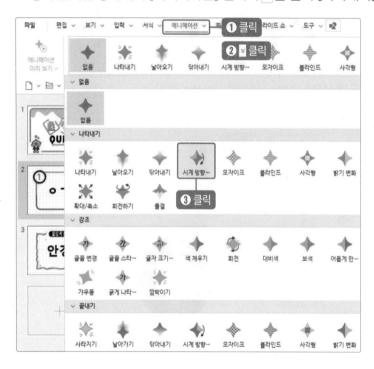

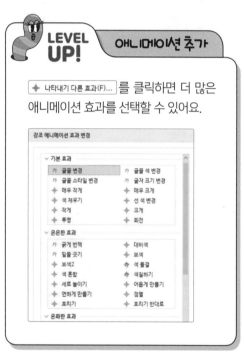

2 ▸ [애니메이션] 탭에서 옵션을 변경한 후 **[애니메이션 미리 보기(✦)]**를 클릭하여 애니메이션을 확인해 보세요.

3 ▸ 힌트 그림을 선택한 후 [애니메이션] 탭에서 ∨를 눌러 [나타내기]-**확대/축소( )**를 클릭합니다.

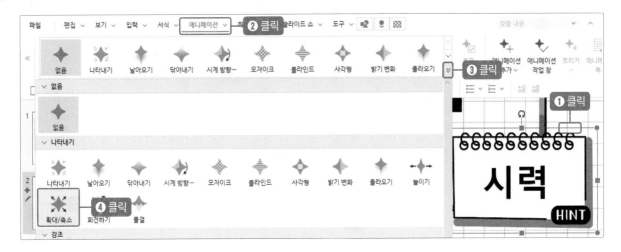

4 ▸ [애니메이션] 탭에서 옵션을 변경한 후 **[애니메이션 미리 보기( )]**를 클릭하여 애니메이션을 확인해 보세요.

STEP 03 : 애니메이션을 지정한 후 슬라이드 복제하기

1 ▸ [3 슬라이드]를 선택한 후 **글상자**를 클릭합니다.

2 ▸ [애니메이션] 탭에서 ∨를 눌러 [나타내기]-**블라인드( )**를 선택합니다.

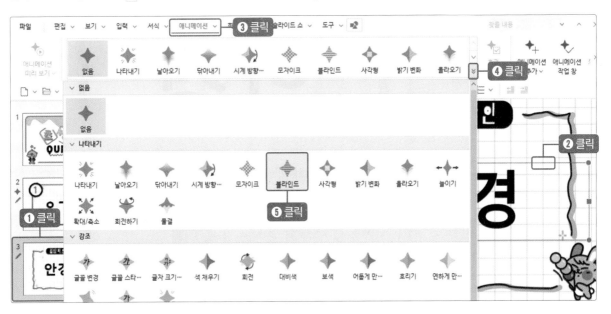

3 ▸ [애니메이션] 탭에서 옵션을 변경한 후 [**애니메이션 미리 보기(✦)**]를 클릭하여 애니메이션을 확인해 보세요.

4 ▸ 축소판 그림 창에서 Shift 를 누른 채 [**2~3 슬라이드**]를 선택한 후 마우스 오른쪽 버튼을 눌러 [**선택한 슬라이드 복제**]를 클릭합니다. 슬라이드가 복제되면 아래 그림처럼 문제와 정답을 변경해 보세요.

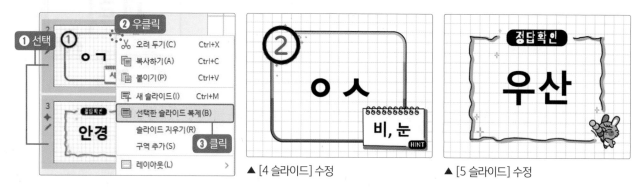

▲ [4 슬라이드] 수정   ▲ [5 슬라이드] 수정

5 ▸ [**3 슬라이드**]를 클릭한 후 [화면 전환] 탭에서 **다음 시간 후 자동 전환**을 선택(v)하고 **2**를 입력합니다.

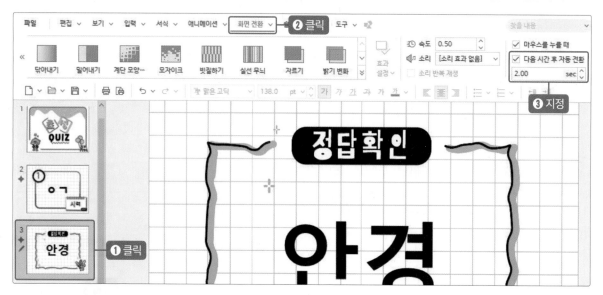

📢 정답 확인 슬라이드가 표시되고 2초 후 다음 슬라이드로 전환되도록 옵션을 지정했어요.

6 ▸ 모든 작업이 끝나면 [슬라이드 쇼] 탭에서 [**처음부터(▷)**]를 클릭하거나 F5 를 눌러 초성 퀴즈를 확인해 보세요.

혼자서 뚝딱뚝딱

1 각각의 개체에 애니메이션 기능을 적용해 보세요.

· 실습파일 : 20차시_연습문제_1.show · **완성파일** : 20차시_연습문제_1(완성).show

작성 조건
· 무지개 : 나타내기(계단 모양), 이전 효과와 함께, 재생 시간(2초)
· 해 : 나타내기(올라오기), 이전 효과 다음에, 재생 시간(1초)
· 꽃 : 나타내기(원형), 이전 효과 다음에, 재생 시간(2초)
· 나비 : 나타내기(시계 방향 회전), 이전 효과 다음에, 재생 시간(2초)
· 벌 : 나타내기(선회비행2), 이전 효과 다음에, 재생 시간(1초)

📢 조건과 일치하는 애니메이션이 없을 경우 [나타내기 다른 효과]에서 선택

#슬라이드 쇼 #슬라이드 숨기기 #쇼 재구성

슬라이드 쇼로 인공지능 발표하기

- 발표에 불필요한 슬라이드를 숨길 수 있어요.
- 발표에 필요한 슬라이드만 선별하여 쇼 재구성을 할 수 있어요.
- 포인터, 펜, 형광펜을 사용하도록 슬라이드 쇼를 설정할 수 있어요.

발표 짱...

 슬라이드 쇼 슬라이드를 화면 전체에 채워 보여주는 기능으로 포인터 및 형광펜 등을 활용할 수 있어요. 발표를 할 때 불필요한 슬라이드를 숨기거나 슬라이드 쇼를 재구성하여 원하는 내용만 발표할 수도 있어요.

미리보기

실습파일 : 인공지능 발표하기.show   완성파일 : 인공지능 발표하기(완성).show

인공지능과 함께 더 나은 미래 만들기

컴퓨터 친구, 인공지능이란 무엇일까요?

마티북스

인공지능

인공지능이란 무엇일까요?

↳ AI

인공지능은 컴퓨터 시스템이 사람과 비슷하게 생각을 하고 문제 해결이 가능하도록 갖춰진 기술입니다.

마티북스

사용 이유

인공지능, 왜 사용하는 것일까요?

- 인공지능은 빠르고 정확하며, 사람보다 많은 양의 데이터를 손쉽게 처리할 수 있습니다.
- 인공지능은 의료, 교육, 교통, 예술 등 다양한 분야에서 활용됩니다.

마티북스

인공지능 예시

인공지능은 어떻게 활용될까요?

- 음성 비서 : 우리가 말하는 것을 인식하고 이해한 다음 우리를 도와줍니다.
- 로봇 : 사람의 일을 대신할 수 있습니다.

마티북스

STEP 01 : 발표에 제외할 슬라이드 숨기기

1 ▶ [21차시] 폴더에서 **인공지능 발표하기.show** 파일을 열고 **[6 슬라이드]**를 선택한 후 [슬라이드 쇼] 탭에서 **[슬라이드 숨기기(▤)]**를 클릭합니다.

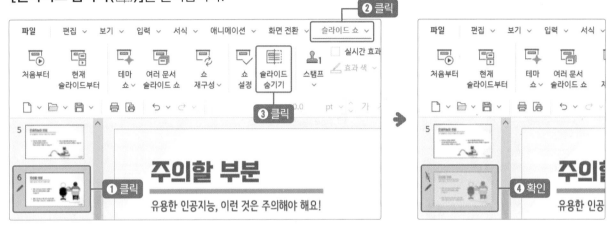

2 ▶ [슬라이드 쇼] 탭에서 **[처음부터(▷)]**를 클릭하거나 F5를 눌러 슬라이드 쇼를 실행한 후 화면을 클릭하여 **[6 슬라이드]**가 표시되지 않는 것을 확인합니다.

3 ▶ Esc 를 눌러 슬라이드 쇼를 종료하고 **[6 슬라이드]**를 선택한 후 [슬라이드 쇼] 탭에서 **[슬라이드 숨기기(▤)]**를 클릭하여 선택을 해제합니다.

STEP 02 : 슬라이드 쇼 재구성하기

1 ▸ [1 슬라이드]를 선택한 후 [슬라이드 쇼] 탭에서 [쇼 재구성(📋)]-**[쇼 재구성]**을 클릭합니다.

2 ▸ [쇼 재구성] 대화상자에서 <새로 만들기(⊞)>를 클릭합니다.

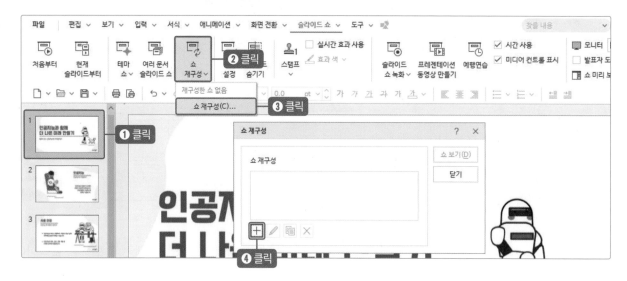

3 ▸ [쇼 만들기] 대화상자가 표시되면 슬라이드 쇼 이름과 재구성할 슬라이드를 선택합니다.

4 ▸ 슬라이드 쇼가 실행되면 쇼 재구성에 포함된 슬라이드만 표시되는 것을 확인합니다.

STEP 03 : 슬라이드 쇼 설정하기

1 ▸ [슬라이드 쇼] 탭에서 **[쇼 설정(⬚)]**을 클릭합니다.

2 ▸ [쇼 설정] 대화상자에서 **펜 색**을 원하는 색으로 설정한 후 <확인>을 클릭합니다.

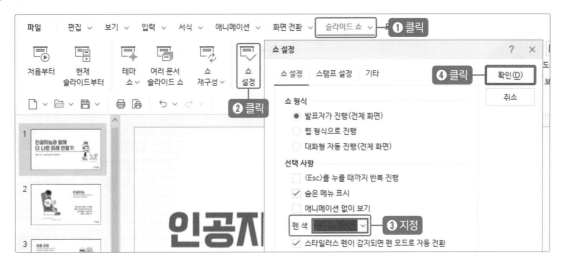

3 ▸ 재구성된 쇼를 실행하기 위해 [슬라이드 쇼] 탭에서 [쇼 재구성(⬚)]-**[인공지능 발표]**를 클릭합니다.

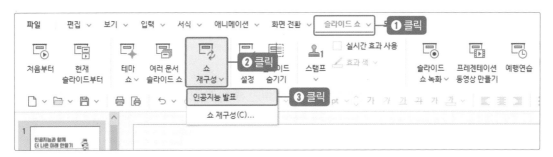

4 ▸ 슬라이스 쇼 화면 위에서 마우스 오른쪽 버튼을 눌러 **[포인터 설정]** 클릭하여 원하는 포인터를 선택합니다.

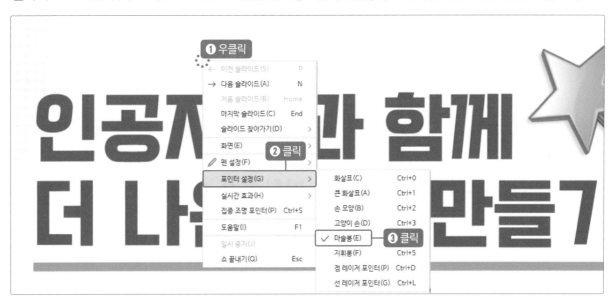

STEP 04 ┊ 펜 도구 활용하기

1 ▸ **오른쪽 방향키(→)**를 눌러 [2 슬라이드]로 이동합니다.

2 ▸ 마우스 오른쪽 버튼을 눌러 [펜 설정]–[펜]을 클릭한 후 아래 그림과 같이 글을 적어보세요.

3 ▸ 이번에는 **오른쪽 방향키(→)**를 눌러 [3 슬라이드]로 이동합니다.

4 ▸ 마우스 오른쪽 버튼을 눌러 [펜 설정]–[형광 사인펜]을 클릭한 후 아래 그림과 같이 드래그하여 표시해 보세요.

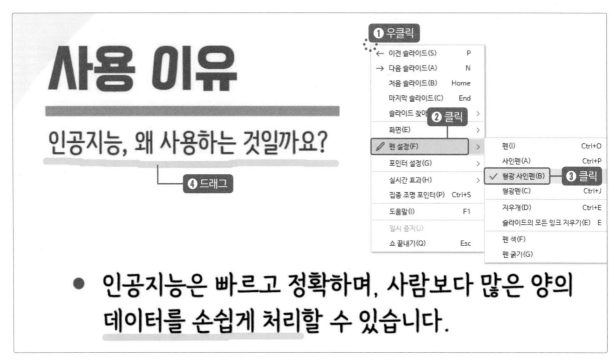

📢 [펜 설정]–[펜 굵기]에서 펜의 두께를 조절할 수 있어요.

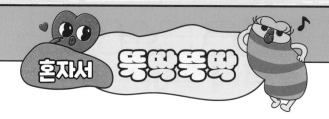

1 실습 파일을 열어 조건에 맞추어 슬라이드 쇼를 재구성 해보세요.

· 실습파일 : 21차시_연습문제_1.show   · 완성파일 : 21차시_연습문제_1(완성).show

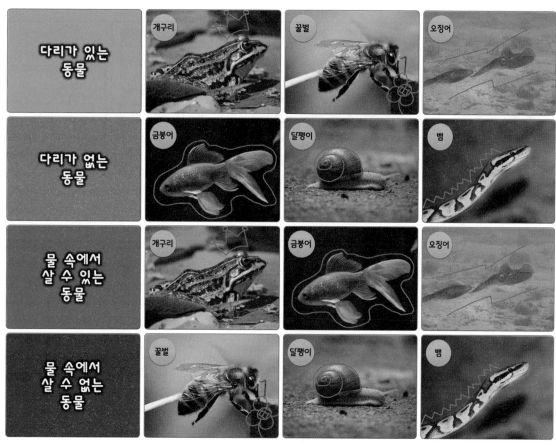

작성 조건
· 슬라이드 쇼 재구성하기(슬라이드 쇼 이름 : 동물 분류)
· 슬라이드 쇼 실행 후 펜 기능을 이용해 예쁘게 꾸며보기

22

슬라이드 마스터로
음식 상식 알아보기

학습목표

✄ 슬라이드 마스터가 무엇인지 이해할 수 있어요.

✄ 슬라이드 마스터를 편집하여 모든 슬라이드에 적용할 수 있어요.

✄ 슬라이드 마스터에서 레이아웃을 편집할 수 있어요.

✄ 슬라이드 마스터   모든 슬라이드를 대상으로 로고 또는 페이지 번호 등을 삽입하거나, 슬라이드 레이아웃을 편집하고자 할 때는 슬라이드 마스터를 이용하여 작업하는 것이 편리해요.

 미리보기

실습파일 : 음식 이미지 파일   완성파일 : 실수로 만들어진 음식(완성).show

알아 두면 유용한
실수로 만들어진 음식!

아이스바, 감자칩, 브라우니, 시리얼, 쫄면

시원한 아이스바

한 꼬마는 추운 겨울 음료수가 들어있는 컵을 문 밖에 방치했어요. 컵 안에는 음료수를 저을 때 이용했던 막대기가 함께 들어있었지요. 다음 날 컵 안에 음료와 막대기가 함께 들어있는 것을 발견했고 이것이 지금의 아이스바가 되었어요.

바삭바삭 감자칩

감자튀김이 두껍다며 불평을 하는 손님에게 화가 잔뜩 난 요리사는 감자를 매우 얇게 썰어 튀기고, 소금까지 왕창 뿌린 후 제공했어요. 알고 보니 바삭한 감자칩은 생각보다 반응이 좋았고 그렇게 인기 메뉴가 되었답니다.

STEP 01 : 슬라이드 마스터 편집하기

1 ▸ 한쇼 2022 프로그램을 실행한 후 **[새 문서]**를 클릭합니다.

2 ▸ 빈 파일이 열리면 [보기] 탭의 **[슬라이드 마스터(▤)]**를 클릭합니다.

3 ▸ 축소판 그림 창에서 맨 위의 **한컴오피스 슬라이드 마스터**를 선택한 후 슬라이드의 빈 곳에서 마우스 오른쪽 버튼을 눌러 **[배경 속성]**을 클릭합니다.

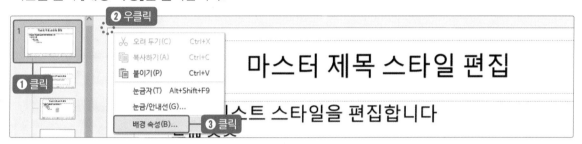

4 ▸ 화면 오른쪽 [배경 속성] 창에서 **질감/그림**을 선택한 후 <**그림**>을 클릭합니다. 이어서, [그림 넣기] 대화상자 의 [22차시] 폴더에서 **배경그림**을 삽입합니다.

📢 바둑판식 배열에 체크를 '해제'해야 배경그림이 예쁘게 채워질 거예요.

5 ▸ 모든 슬라이드에 배경이 적용되면 [입력] 탭에서 **[그림()]**을 클릭합니다. 이어서, [그림 넣기] 대화상자에 서 [22차시] 폴더−**로고**를 선택합니다.

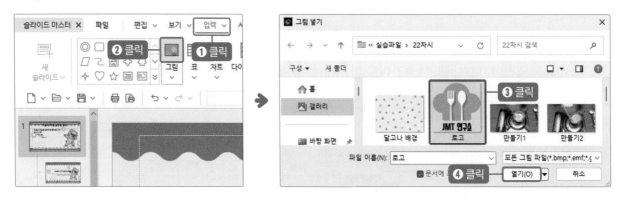

6 ▸ 로고가 삽입되면 조절점()을 이용하여 크기를 줄인 후 위치를 변경합니다.

STEP 02 : 제목 슬라이드 레이아웃 편집하기

1 ▸ 축소판 그림 창에서 두 번째 제목 슬라이드 레이아웃을 선택한 후 제목과 부제목을 왼쪽 정렬(≡)로 변경 후 글꼴 서식을 자유롭게 변경해요.

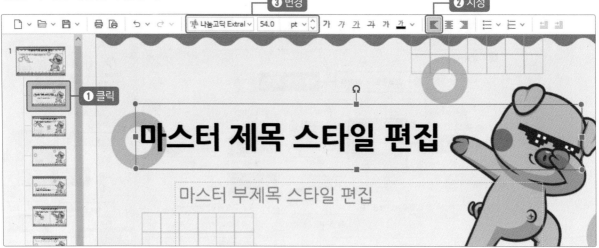

STEP 03 : 제목 및 내용 레이아웃 편집하기

1 ▶ 축소판 그림 창에서 세 번째 제목 슬라이드 레이아웃을 선택한 후 제목 글꼴 서식을 자유롭게 변경합니다.

2 ▶ 슬라이드 마스터 작업이 완료되면 [슬라이드 마스터] 탭에서 **[닫기(⊗)]**를 클릭합니다.

STEP 04 : 내용 입력하기

1 ▶ [1 슬라이드]에 **제목**과 **부제목**을 입력한 후 부제목의 테두리를 드래그하여 제목과의 위치를 맞춰주세요.

2 ▶ 축소판 그림 창에서 [1 슬라이드]를 선택하여 Enter를 5번 눌러 [6 슬라이드]까지 추가합니다.

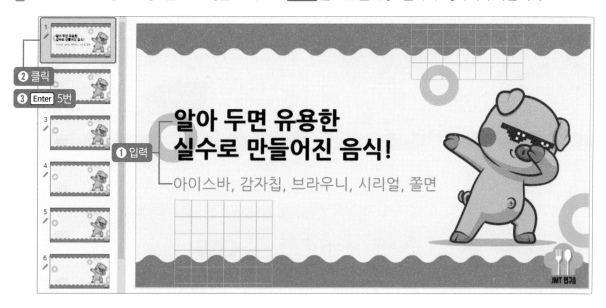

3 ▸ **[2 슬라이드]**를 선택하여 제목을 입력한 후 가운데 **그림(🧊) 아이콘**을 클릭합니다. [그림 넣기] 대화상자의 [22차시] 폴더에서 **음식1**을 삽입한 후 위치를 변경합니다.

4 ▸ 똑같은 방법으로 **[3~6 슬라이드]**에 **제목**과 **그림**을 삽입하여 슬라이드를 완성해 보세요

▲ [3 슬라이드]

▲ [4 슬라이드]

▲ [5 슬라이드]

▲ [6 슬라이드]

5 ▸ 모든 작업이 끝나면 [슬라이드 쇼] 탭에서 **[처음부터(▶)]**를 클릭하거나 F5를 누르세요.

1 아래 그림과 작성 조건을 참고하여 슬라이드 마스터를 작성해 보세요.

· 실습파일 : 22차시_연습문제_1.show   · 완성파일 : 22차시_연습문제_1(완성).show

작성
조건

· 슬라이드 마스터 작업
  – 중앙 글상자의 글자 서식을 변경

  📢 책에서는 한컴 말랑말랑 Bold, 45pt, 흰색을 지정했어요!

  – 초콜릿로고.png를 슬라이드 오른쪽 하단에 추가
· 각 슬라이드의 내용을 자유롭게 변경

23

#템플릿 #발표 자료 만들기

템플릿으로 발표 자료 만들기

학습목표

☆ 웹 사이트에서 원하는 템플릿을 검색하여 다운로드 받을 수 있어요.

☆ 템플릿을 열어 불필요한 슬라이드를 삭제할 수 있어요.

☆ 슬라이드 내용을 수정한 후 다른 이름으로 저장할 수 있어요.

☆ **템플릿** 붕어빵 틀에 반죽과 함께 넣는 재료에 따라 다른 붕어빵이 나오죠? 템플릿도 마찬가지예요. 디자인 틀과 내용이 미리 입력되어 있는 템플릿에 내용이나 그림만 변경하면 원하는 문서를 금방 만들어낼 수 있어요.

미리보기

실습파일 : 이미지 파일　　완성파일 : 한류음식 K-푸드(완성).show

STEP 01 : 웹 사이트에서 템플릿 다운로드 받기

1. 구글 크롬(●)을 실행하여 주소 입력 칸에 allppt.com을 입력합니다.

2. 검색 아이콘(🔍)을 클릭하여 **korea**를 입력한 후 **첫 번째 템플릿**을 선택합니다.

3. 스크롤 바를 아래쪽으로 내린 후 Click Here to Download This PPT Template을 클릭하여 템플릿 파일을 다운로드 받으세요.

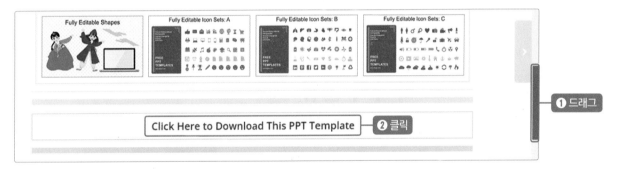

STEP 02 : 템플릿 파일을 열고 제목 슬라이드 만들기

1. 한쇼 프로그램을 실행한 후 **[내 컴퓨터에서 불러오기]**를 클릭합니다.

2. [불러오기] 대화상자가 나오면 **[다운로드]**폴더에서 Korean Food PowerPoint Templates 파일을 선택한 후 <열기>를 클릭합니다.

3 ▸ 왼쪽 축소판 그림 창에서 1, 5, 6, 19, 43 슬라이드만 남기고 삭제해 주세요.

📢 ⟨ [Ctrl]을 이용해 불필요한 슬라이드를 선택한 후 [Delete]를 눌러 삭제할 수 있어요.

4 ▸ [1 슬라이드]를 선택하여 [Shift]를 누른 채 사용하지 않는 개체를 선택한 후 [Delete]를 눌러 삭제합니다.

5 ▸ 제목을 입력한 후 [서식 도구 모음]에서 글자 서식을 자유롭게 변경합니다.

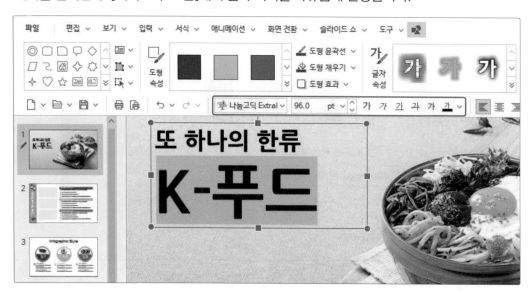

LEVEL UP! 템플릿 내용 수정

기존의 내용을 블록으로 지정하여 새로운 내용을 입력할 수 있어요.

STEP 03 : 슬라이드에 내용 입력 및 이미지 삽입하기

1 ▸ [2 슬라이드]를 선택하여 왼쪽 세로 제목을 입력한 후 **글꼴(나눔고딕 ExtraBold)**을 변경합니다. 첫 번째 **그림( )** 아이콘을 클릭한 후 [그림 넣기] 대화상자의 [23차시] 폴더에서 **라면**을 삽입합니다.

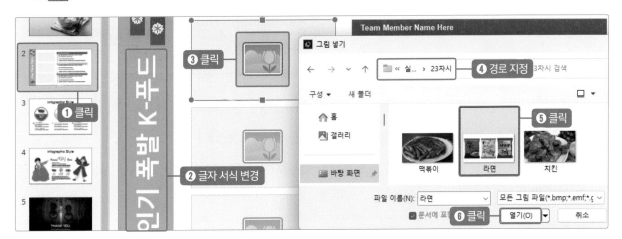

2 ▸ 똑같은 방법으로 떡볶이와 치킨이미지를 삽입한 후 내용을 입력하고 글자 서식을 변경합니다. 사용하지 않는 그림과 글상자는 삭제합니다.

📢 입력이 힘든 경우 메모장 파일(23차시 본문.txt) 내용을 복사하여 붙여넣으세요.

3 ▸ [3 슬라이드]를 선택하여 제목을 입력한 후 **글꼴(나눔고딕 ExtraBold)**을 변경합니다.

4 ▸ 슬라이드 하단 글상자를 **그룹을 해제**한 후 내용을 입력하고 **글자 크기**와 **색**을 변경합니다. 이어서, 사용하지 않는 글상자는 삭제합니다.

글상자를 선택한 후 마우스 오른쪽 버튼을 눌러
[그룹]-[개체 풀기]를 클릭해 보세요.

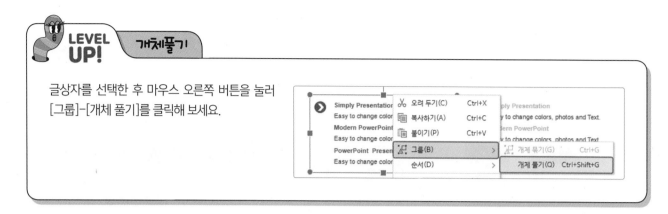

5 ▸ **[4 슬라이드]**를 선택하여 제목을 입력한 후 **글꼴**을 자유롭게 변경합니다.

6 ▸ 글상자(3개)를 선택하여 내용을 입력한 후 **글자 크기**와 **색**을 변경합니다.

7 ▸ [5 슬라이드]를 선택하여 **"감사합니다"**를 입력한 후 글자 서식을 변경합니다. 이어서, 사용하지 않는 글상자
는 삭제합니다.

8 ▸ 모든 작업이 끝나면 [파일] 탭을 누른 후 **[다른 이름으로 저장하기]**를 클릭합니다.

9 ▸ [다른 이름으로 저장하기] 대화상자에서 **저장 경로(바탕화면)**를 지정하고 **파일 이름(한류음식 K-푸드)**을
입력한 후 <저장>을 클릭합니다.

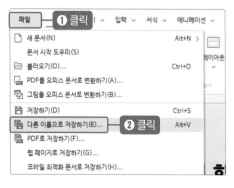
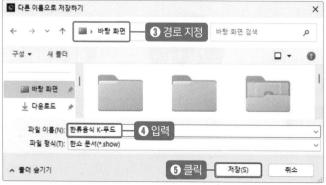

1 템플릿을 다운 받아서 원하는 형태로 수정하여 슬라이드를 작성해 보세요.

· 실습파일 : 오디오 파일   · 완성파일 : 23차시_연습문제_1(완성).show

▲ [1 슬라이드]

[2 슬라이드] ▶

◀ [3 슬라이드]

작성 조건
· allppt.com에서 dance를 검색하여 첫 번째 템플릿 다운로드
· 템플릿 파일을 불러와 불필요한 슬라이드를 삭제
· [1 슬라이드] 내용 수정 및 글자 서식 지정 → 오디오 삽입(배경음악, 배경에서 계속 재생)
· [2 슬라이드] 글상자 개체 풀기 → 내용 수정 및 글자 서식 지정
· [3 슬라이드] 내용 수정 및 글자 서식 지정

두더지 잡기 게임

✍ 여러 개의 구멍에서 마음대로 튀어 오르는 두더지를 망치로 때려서 잡는 게임을 해본 적이 있나요? 두더지 잡기 게임은 두더지가 어디서 나올지도 모르고 잠깐 나왔다가 사라지기 때문에 긴장감이 넘치는 게임이에요. 오락실에서만 했던 두더지 잡기 게임, 한쇼로 만들어 볼까요?

미리보기   실습파일 : 두더지 게임.show   완성파일 : 두더지 게임(완성).show

STEP 01 : 하이퍼링크 설정하기

1 ▸ [24차시] 폴더에서 **두더지 게임.show** 파일을 열어서 [1 슬라이드]를 클릭합니다.

2 ▸ **게임시작** 버튼 위에서 마우스 오른쪽 버튼을 눌러 [하이퍼링크]를 클릭한 후 **[현재 문서]-2. 슬라이드 2**로 연결합니다.

STEP 02 : 두더지가 나타났다 사라지게 만들기

1 ▸ [2 슬라이드]의 **두더지**를 선택한 후 [애니메이션] 탭에서 ⌄를 클릭해 [나타내기 다른 효과]-[기본 효과]-**내밀기**를 선택합니다. 이어서, 재생 옵션을 변경해 보세요.

2 ▸ [애니메이션] 작업 창에서 **그림 3**을 마우스 오른쪽 버튼으로 눌러 [효과 설정]에서 소리를 적용합니다.

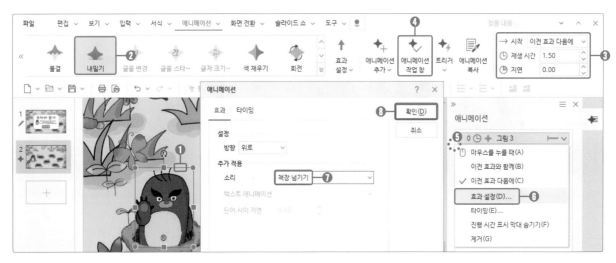

STEP 03 : 두더지 클릭하면 사라지게 하기

1 ▸ 두더지를 사라지게 하기 위해 **[애니메이션 추가]-[끝내기]-[모자이크]**를 선택합니다.

2 ▸ [애니메이션] 작업 창에서 끝내기 효과가 적용된 '그림 3'을 마우스 오른쪽 버튼으로 클릭해 [효과 설정]을 선택합니다. 그다음 [타이밍] 탭에서 시작 설정 방식을 변경해 보세요.

STEP 04 : 두더지 복제하기

1 ▸ 애니메이션 효과 적용이 완료된 두더지를 Ctrl 을 누른 채 드래그하여 6마리를 복제합니다.

STEP 05 : 쇼 설정을 변경하여 게임 즐기기

1 ▸ 게임 실행 중 두더지가 아닌 곳을 클릭하게 되면 게임이 종료되는데, 계속 진행하기 위해 [슬라이드 쇼] 탭의 **[쇼 설정(▽)]**을 클릭하여 [쇼 형식]–**대화형 자동 진행**을 선택 후 <확인>을 클릭합니다.

2 ▸ 모든 작업이 끝나면 [슬라이드 쇼] 탭에서 [처음부터]를 클릭하거나 F5를 눌러 두더지 잡기 게임을 해보세요.

LEVEL UP! 게임 난이도 업

게임이 쉽게 느껴지면 모든 두더지의 [내밀기] 애니메이션의 재생 시간을 1~0.5초로 변경한 후 게임을 실행해 보세요.

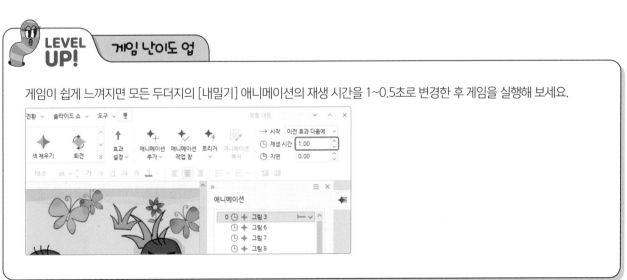

MEMO